우리는 모두 하나님의 인플루언서입니다.
삶으로 복음의 선한 영향력을 끼칠 수 있는
모든 분들이 되시길 간절히 소망합니다.
예수님 안에서 사랑하고 축복합니다.

최 진 헌 드림

그 사랑 전하기 위해

love 그 사랑
전하기 위해

최진헌   나를 향한 변치 않는 하나님 마음

규장

———

아무도 가보지 않은 새로운 길을 걷는 건 무척이나 외롭고 힘
겨운 일입니다. 그런데 그 길을 믿음으로 묵묵히 걸어가는 신
세대 사역자가 있습니다. 바로 최진헌 전도사입니다.

그는 수업 시간에도 카메라를 켜고 수업에 임할 정도로 일상 속
그리스도인의 모습을 소개하려는 열정으로 똘똘 뭉친 사역자
입니다. 또한 자신이 'SNS 사역자'로 부름 받았다는 확신을 갖
고 복음 전파의 새로운 지평을 열어가고 있습니다.

이 책은 황량한 사막 속에서 한 송이 꽃을 피우려고 몸부림치는
한 청년 사역자의 잔잔한 감동 스토리입니다. 빠르게 흘러가는
시대에 세상과 담쌓고 자기만의 성에서 거룩을 주장하는 게 아
니라, 세상으로 들어가 복음을 전하고자 하는 그의 진지한 고민
과 창의적 꿈, 견고한 사명감이 고스란히 담겨있습니다.

또한 '유튜브 사역자'로서 삶의 진솔한 간증, 갈등과 두려움, 아름다운 꽃망울처럼 피어오르는 복음을 향한 열정이 꿈틀거리는 걸 봅니다.

흔들리지 않고 피는 꽃은 없습니다. 사랑하는 제자의 창의적이며 시대를 선도하는 사역에 주님이 부어주시는 지혜와 은혜가 가득 임하길 기도합니다.

이 책은 SNS 사역을 꿈꾸는 사역자들과 다음세대를 향한 복음 전파의 열정을 가진 모든 이에게 신선한 도전과 창의적 영감을 줄 것입니다.

이희성 교수, 총신대 구약학

사람들은 저자를 인스타그램 인플루언서이자 〈헌이의 일상〉 채널 유튜버로 기억할지 모른다. 그러나 나는 이 책에서 '전도사 최진헌'을 넘어 '사람 최진헌'을 만났다.

PK(목회자 자녀)로 자라며 성도의 관심과 기대, 수많은 말에 흔들리고 반응했던 내 유년 시절의 모습이 '사람 최진헌'의 삶에도 녹아있었다. 늘 밝고 화려하며 그늘이 없어 보였던 그도 주 안에서 흔들리고 고뇌하며 오늘을 살아내는 마음 따뜻한 청년이었다.

우리 삶은 평범한 날들의 연속이다. 그의 삶도 동일하다. 그에게도 크고 작은 결핍이 있고, 하나님의 손길과 역사하심이 있음을 본다. 주님의 크신 사랑 안에 지난 시간을 잘 이겨냈고 또 오늘을 성실히 살아내는 한 사람의 이야기를 만나보자. 일상의 은혜가 담담하게 깃든 이 책을 당신에게 선물하고 싶다.

나도움 목사, 스탠드그라운드 대표

최진헌 전도사의 삶 이면에는 수많은 비난의 칼날이 존재했다. 그 칼날은 세상의 것이 아니라 우리와 같은 그리스도인의 것이었다.

언뜻 보기에 그는 화려한 스포트라이트 속에서 많은 팔로워의 사랑을 받으며 행복하게 살아가는 인플루언서 같지만, 사실 우리와 같은, 혹은 더 여린 마음으로 아픔을 짊어지고 하나님을 향한 사랑으로 오늘을 살아가는 '성도 최진헌'이었다.

글 하나하나에서 그의 순수한 열정과 사명을 감당하는 진심이 투명하고 진실하게 담겨있다. 하나님께서 그의 삶을 통해 어떻게 일하고 계신지, 앞으로 그를 어떻게 인도하실지 기대하는 마음으로 '사람 최진헌'을 읽어보길 바란다.

박은총 대표, 위러브 크리에이티브 팀

이 책을 읽고 훈훈해졌다. PK의 전형적인 이야기를 기대했다가 최진헌 전도사를 향한 주님의 세밀한 인도하심에 감탄했다. 담담하지만 진정성 있는 고백의 위력이랄까.

성육신적 문화의 형태로 새로운 사역의 문을 통해 영적 지평을 여는 은혜가 놀랍다. 귀한 전도사님을 허락하신 주님, 감사합니다.

황성주 박사, 사랑의병원 원장, KWMA 부이사장

그 사랑 전하는 작은 불빛

책을 쓰며 삶을 돌아보았다.
이 책이 어떻게 쓰임 받을지는 모르지만,
글을 쓰며 내 삶에 함께하신
하나님의 은혜를 다시 한번 깊이 느꼈다.

아무것도 모른 채 성장해온 어린 나는
늘 하나님의 돌보심과 계획 가운데 있었다.
돌이켜보니 내 삶이 전부
그분의 인도하심 안에 있었다.

어른들에게 예쁨받고 칭찬받고 싶어 하고,
할머니를 따라 성경을 암송하며 새벽예배에 나가고,
목사님이신 아버지가 멋있어서 목회자를 꿈꿨던
모든 것이 그저 내 즐거움이자 꿈이라고 생각했다.

그러나 하나님은 내 삶의 작은 조각까지
낱낱이 기억하셨다.
나를 사용하여 당신을 드러내셨다.

사람은 머물기를 원하고 익숙한 걸 찾는다.
하지만 그들이 살아가는 이 세상은 희한하게도
쉴 새 없이 빠르게 변화한다.

사실 난 급변하는 세상에 관심이 없었다.
내가 편하고 즐거우면 그걸로 만족했다.
날 위해 살 수 있다면 세상 변화 따위는 상관없었다.

그런데 그렇게 살 수가 없었다.
편안함과 익숙함에 머무르는 삶이 허락되지 않았다.
내가 편하자고 방관할 수 없었다.

복음을 전해야 했다.
정확히 말하면,
하나님께서 전하지 않고는 못 배기게 하셨다.
나를 살린 복음의 능력이
길 잃고 방황하는 이들을 살릴 수 있기에.
복음이야말로 모든 문제의 열쇠이기에.

그때부터 시대의 흐름을 눈여겨보았다.
세상 한가운데서 유리하는 이들에게 다가가려고
나도 그 속으로 들어갔다.
많은 이를 자연스럽게 만날 수 있고,
내 삶에 녹아든 하나님을 전할 수 있는 그곳,
SNS의 바다에 뛰어들었다.

SNS는 이 시대 문화의 아이콘이자
남녀노소 할 것 없이 모두에게
삶의 필수 요소로 자리 잡고 있다.

누구나 스피커가 될 수 있고,
누구나 리스너가 될 수 있는
그 드넓은 바다에서
복음, 그 사랑을 전하는
작은 불빛을 쏘아 올렸다.

* 인용 성구는 개역개정과 새번역을 사용했음

차례

다가오실 의무 없으신 분이
배려하실 이유 없으신 분이
약속하실 필요 없으신 분이

다가와 주시고
배려해주시고
약속해주시니

이보다 감사한 게 있을까
이보다 기쁜 게 있을까
이보다 감격스러운 게 있을까

내 존재를 깨닫고 감사하자
내 위치를 깨닫고 감사하자

높아져야 할 분이 높아지시고
낮아져야 할 것이 낮아지도록

1

사랑을
만나다

교회에서 살던 아이

나는 평범한 가정에서
사 형제 중 막내아들로 태어났다.

아이를 많이 낳지 않는 시대이다 보니
자식이 넷, 그것도 아들만 넷이라고 하면
다들 놀라서 한 번 더 묻곤 한다.

"정말 아들만 넷이요?"

하지만 아버지가 목사님이라고 말하면
그럴 줄 알았다는 듯(?) 고개를 연신 끄덕이며
존경의 박수를 보낸다.

그렇다.

나는 목사님 가정에서

세 형들 밑에 막내로 태어났다.

맏형을 제외한 두 형과는 나이 차가 많지 않아

어릴 적부터 형들과 많은 시간을 보내며 자랐다.

그러다 보니 형들은 내게

가장 친한 친구이자 소중한 가족으로서

내 삶의 큰 부분을 차지했다.

(형들에 대한 이야기는 뒤에서 자세히 나누겠다.)

그리고 목사님의 자녀들이 그렇듯

어릴 때부터 교회 친구들과 노는 걸 굉장히 좋아했다.

더 솔직히 말하면, 그 외에는 친구가 거의 없었다.

유년 시절,

하교 후 집에 오면 책가방을 던져두고

급히 친구를 만나러 나갔다.

당시 유행하던 캐릭터 딱지치기, 유희왕 카드,
롤러블레이드, 학 종이 넘기기, 탑블레이드,
축구 등을 섭렵하며 놀기 바빴다.

하루는 지나가던 동네 아저씨가 내게
"얘, 너 목이 까마귀 같구나"라고 말할 정도로
땡볕에서 몸을 사리지 않고 신나게 놀았다.

당시 아버지가 담임하시던 교회가
아파트 단지 안에 있어서
주일 어린이예배가 끝나면 교회 친구들과
점심시간이 될 때까지 놀이터와 교회를 오가며
정신없이 뛰어다녔다.
참 행복한 유년의 기억들이다.

기억을 떠올리면
괜히 기분이 좋아지는 추억이 있다.
바로 '여름성경학교'다.

1 years old
1살 ← → 26 years old
26살

난 여름만 되면
율동 CD를 구해서 혼자 연습하며
여름성경학교가 열리기를 간절히 기다렸다.

일 년에 딱 한 번이어서였을까.
최선을 다해 찬양과 활동에 참여했다.
그중에서도 특히 아파트 놀이터에서 했던
'성경 암송 보물찾기'가 제일 재미있었다.

교회 친구들과 밖에서 땀을 뻘뻘 흘리며 놀다가
교회로 돌아와 에어컨 앞에 서서
시원한 바람을 맞으며 더위를 날려버렸을 때의
그 상쾌함이란 이루 말할 수 없었다.

얼마나 좋아했는지
십오 년이 지난 지금도 기억이 생생하다.

유년의 행복

유년 시절의 추억이 또 하나 떠오른다.
초등학교 1학년 때,
교회 찬양 시간에 형과 다투다가
그만 눈물이 터져버렸다.

아버지가 우는 나를 달래려고
내가 좋아하는 찬양을 함께 부르자고 하셨다.

나는 "찬양이 언제나 넘치면!"이라고 외쳤다.
그러자 그 자리에 있던 모두가 합창했다.

찬양이 언제나 넘치면 은혜로 얼굴이 환해요
성령의 충만한 모습을 서로가 느껴요

할렐루 할렐루 손뼉 치면서 할렐루 할렐루 소리 외치며
할렐루 할렐루 두 손을 들고 주님을 찬양해요

감사가 언제나 넘치면 은혜로 얼굴이 환해요
성령의 충만한 모습을 서로가 느껴요

사랑이 언제나 넘치면 은혜로 얼굴이 환해요
성령의 충만한 모습을 서로가 느껴요

기도가 언제나 넘치면 은혜로 얼굴이 환해요
성령의 충만한 모습을 서로가 느껴요
〈찬양이 언제나 넘치면〉, 김석균

찬양을 부르자
내 설움은 온데간데없이 사라지고
기쁨이 차올랐다.

교회에서의 추억을 떠올리면
성탄절도 빼놓을 수 없다.

성탄절이 다가오면 부목사님의 지도에 따라
매주 토요일에 교회에서
성극, 율동, 암송 등을 연습했다.

나는 성탄절 전야제를 준비하며
날 위해 아기 예수님이 태어나셨다는
기쁨과 감사를 깊이 느꼈던 것 같다.
그래서 일 년 중 여름성경학교 다음으로
이날이 가장 기다려졌다.

이처럼 내 어린 시절의 즐거움은
온통 교회와 관련된 것들이다.
그저 교회 친구들과 노는 게 좋아서,
여름성경학교가 재밌어서,
교회 에어컨 바람이 시원해서,
아버지가 목사님이라서.

당연한 듯 내 유년의 대부분을
교회에서 행복하게 살았다.

베스트프렌드, 할머니

즐거운 유년기를 보내던
어느 날이었다.

미국에 사시던 할머니가 한국으로 오셔서
우리 집에 함께 사실 거라는 소식을 들었다.

오래전, 할아버지와 할머니는 미국으로 가셨다.
두 분은 행복하게 지내시다가
할아버지가 먼저 하나님의 부르심을 받으셨다.

그 후 할머니는 혼자 지내셨는데
고치기 어려운 피부병을 앓게 돼서
결국 한국으로 돌아오신다고 했다.

할머니가 너무 오랜만에 오셔서인지
우리 사 형제는 조금 낯설고 어색했다.
게다가 할머니는 피부병 때문에
보기에 별로 좋지 않은 모습이셨다.

온몸에 각질이 푸석하게 일어나서
할머니가 지나간 자리에는
꼭 하얀 각질이 떨어져 있었다.

그래서 나는 솔직히 할머니 곁에 가고 싶지 않았다.
아무리 우리 할머니이지만 피하고 싶었다.
되도록 마주치지 않고 가까이 가지 않으려고 노력했다.

지금 생각하면,
그런 날 보고 할머니 마음이 많이 아프셨을 것 같다.

그러던 어느 날,
아버지는 우리가 할머니와 친해지도록
할머니에게 한자를 배우게 하셨다.

나는 셋째 형과 문제집 뒤에 부록으로 있던
작은 한자 공부 책자로 할머니와 공부를 시작했다.

하루, 이틀 시간이 지나며 배움이 깊어질수록
할머니와 나는 자연스럽게 친밀해졌다.

(나와 셋째 형이 할머니에게 잘못한 적이 있다.
그날 할머니가 우리를 꾸짖으시며
"방에서 나가!"라고 하셨다.
셋째 형은 진짜로 나갔고, 나는 그대로 있었다.
이를 계기로 형은 한자 공부를 그만두었다.)

나는 이 년 넘게 매일 할머니와 시간을 보냈다.
할머니는 내게 한자를 비롯한
여러 공부를 가르쳐주셨다.
그 덕분에 나는 어린 나이에
한자 2급까지 따는 쾌거를 이루었고,
할머니와도 더욱 돈독해졌다.

알고 보니, 할머니는 젊은 시절에
신학을 공부하고 전도사 사역을 하셨을 정도로
하나님을 많이 사랑하는 분이었다.
그래서 어린 손자에게 신앙의 유산을
물려주기 위해 애쓰셨다.

매일 나를 데리고 성경을 읽으시고
중요한 말씀은 암송하게 하셨다.
또 내가 이해 못 하는 말씀은
자세히 풀어 설명해주셨다.

할머니는 내가 성경 말씀과
더 가까워지길 바라셨던 것 같다.

나는 할머니와 가까워질수록
교회와도 가까워졌다.
처음에는 피하고만 싶었는데
할머니가 너무 좋아서
새벽예배에도 따라갔다.
그전에는 상상도 못 한 일이었다.

할머니는 내 유년기에 큰 영향을 주셨다.
오랜 시간이 지난 지금도
할머니와 함께했던 순간순간이
생생히 기억난다.

선명히 떠오르는 얼굴

초등학교 6학년 어느 날,
친구들이랑 놀다가 평소보다 집에 늦게 들어갔다.
원래 할머니와 한자 공부와 성경 읽기를 하기로 했는데
깜빡하고 늦게까지 놀아버렸다.

할머니가 내게 불같이 화를 내시며
손 들고 서있으라고 하셨다.
그렇게 크게 화를 내시는 건 처음이었다.
나는 억울한 마음이 들었다.

'이 정도로 잘못한 것 같진 않은데 벌까지 서야 하나….'

나중에 알고 보니,

연락 없이 늦는 내가 걱정되어

할머니는 불편한 다리로 동네 어귀까지 나와

한참을 기다리며 애를 태우셨다고 했다.

"할머니, 죄송해요. 다시는 안 그럴게요."

할머니는 나를 용서하고 다독여주셨다.

우리는 다시 재밌게 공부하고 성경도 읽었다.

공부가 끝나면 함께 드라마를 보며

수다도 떨었다.

어느새 할머니는

내 둘도 없는 베스트프렌드가 되셨다.

새벽예배를 마치고 할머니와 함께 산책할 때
마셨던 맑은 공기가 생각난다.
할머니는 오랜 시간 내 곁을 지키시다가
내가 고등학교 2학년이 되었을 때
하나님 품에 안기셨다.

할머니가 병원에 계실 때
나는 함께 지내며 간병을 했다.
그때 많은 이야기를 나누며 이별을 준비할 수 있었다.

나는 할머니를 통해 성경을 배웠고,
하나님의 자녀는 말씀을 사랑해야 함을 배웠다.

글을 쓰는 이 순간에도
너무나 생생하게 할머니의 얼굴이 떠오른다.

할머니, 저 진헌이에요.

천국에서 평안히 잘 지내고 계시죠?

할머니와의 추억을 더듬으며

글을 쓰다 보니 더 보고 싶어요.

할머니와 함께했던 시간을

영원히 잊을 수 없을 것 같아요.

부족한 손자를 많이 사랑해주셔서 감사해요.

얼른 뵙고 싶어요. 할머니!

아빠 같은 목사님이 되고 싶어요

내가 가장 많이 듣는 두 가지 질문이 있다.

첫째는 "왜 목사님이 되고 싶나요?"이다.

단순히 내가 왜 '목사'라는 꿈을 갖게 되었는지
궁금해서 묻는 사람도 있지만,
언뜻 보면 내 외모가 세상에서 쓰임 받을 만한데(?)
목회자가 되겠다고 하니
의외여서 묻는 경우가 더 많다.

내가 "이런저런 이유로
목사를 꿈꾸게 되었어요!"라고 답하면

바로 두 번째 질문이 이어진다.

"언제부터 목사님이 되고 싶었어요?"

정말 '언제'가 궁금해서 묻는 사람도 있다.
하지만 대부분은 내 외모만 보고
세상에서 방황이란 방황은 다 하다가
뒤늦게 정신 차리고
목회자의 꿈을 꾸었을 거로 추측한다.

하지만 단언컨대
나는 초등학교 때부터
목사님이 되고 싶었고 지금까지도 변함없다.

내 기억으로는 초등학교 2학년 때였다.
아버지를 따라 한 성도의 가정에 심방을 갔는데
심방 예배를 통해 그 가정의 불화가
회복되는 광경을 보고 너무 놀랐다.

그래서 집으로 돌아오는 길에
부모님에게 말했다.

"나도 아빠 같은 목사님이 되고 싶어요."

그런데 일 년 전쯤
내가 목회자의 꿈을 꾸게 된 계기를
더 정확히 알고 싶어서 어머니에게 다시 여쭤보았다.

"엄마, 그때 내가 같이 심방 다녀와서
아빠처럼 능력 있는 목사님이 되고 싶다고 한 게 맞지요?"
"어? 그게 아닌데⋯."
"아니었어요?"
"응, 그때 성도님이 아빠를 극진히 대접하는 모습을 보고
너도 대접받고 싶다며 목사님이 되겠다고 한 거잖아~."

맞다. 실은 하나님의 역사하심을 보고
목사가 되기를 꿈꾼 게 아니었다.

처음에는 아버지가 대접받으시는 게 부럽고,
강대상 위 아버지의 모습이 멋있게 보여서였을 것이다.

그러나 자라면서
그 꿈이 내 안에 진지하게 자리매김했다.
여기에는 할머니와 부모님의 영향이 가장 컸다.

나는 아버지를 존경한다.
날마다 하나님의 말씀을 연구하며
선택의 기로마다
그분의 뜻을 구하는 모습이 참 멋지시다.

또 매주 하나님의 말씀을 선포하며
성도를 사랑과 말씀으로 양육하는 목회자이자,
어떤 상황에서도 하나님의 선하심을
찬양하는 제자의 모습이 정말 존경스럽다.
아버지의 삶을 통해 '목사'라는 자리가 지닌
가치와 거룩한 무게감을 깨닫는다.

나는 어머니를 존경한다.

평소 어머니와 대화를 많이 나누며

개척교회 사모의 삶이 얼마나 고단한지 느낀다.

하지만 어머니는 여러 어려움 속에서도

불평하거나 절망하지 않고 최선을 다하신다.

오히려 그 가운데 하나님의 뜻이

있음을 믿으며 그분만 의지한다.

나는 어머니의 삶에서

하나님의 사랑을 진정으로 깨달은 성도에게

넘쳐나는 기쁨과 행복을 발견한다.

물론 어렸을 때는 어머니가 고생만 하시는 것 같아

싫을 때도 있었지만,

내 몸과 마음이 자라고

신앙이 성숙하며 천천히 깨달았다.

그런데 부모님은 내가 처음 목사님이 되고 싶다고
했을 때부터 사역을 시작하기 전까지
어떤 의견도 제시하지 않으셨다.
나는 생각했다.

'두 분은 내가 목사가 되는 게
맞지 않다고 생각하시는 걸까?'

조금은 서운하고 위축되기도 했다.
하지만 내 착각이었다.
사역을 시작한 후에야 두 분의 마음을 알 수 있었다.

만약 두 분이 내가 어릴 때부터
내 목회자의 꿈을 응원했다면,
나중에 혹시 내가 그 꿈을 놓고 싶을 때
부모의 기대 때문에 억지로
그 길로 갈까 봐 걱정하셨다고 한다.

그래서 조용히 뒤에서 응원하며
내가 스스로 나아가기를 바라신 거였다.

그 뜻을 알고서 참 감사했다.
만일 부모님이 큰 기대와 응원을 하셨다면,
같은 길을 걷더라도
내 의지가 아닌 부담으로 갔을지 모른다.

지금 부모님은 누구보다 나를 격려해주시며
올바른 목회자로 성장하도록 조언과 기도를
아끼지 않는 든든한 지원군이시다.

철없던 어린 시절, 철없는 이유로
'목사님'이라는 꿈을 품었지만
하나님은 그 작은 불씨를 소중히 보시고
당신의 도구로 나를 빚어가고 계신다.

나의 사랑, 너는 어여쁘고
아무 흠이 없구나

관심받기 좋아하는 아이

이 책을 읽는 독자들의 유년기는 어땠을지,
그 시기를 잘 기억하고 있는지 궁금하다.
유년기를 어떻게 보냈는지가
인생에 막대한 영향을 끼치기 때문이다.

내 유년기는 특정한 면에 있어서
남들과 조금 달랐던 것 같다.
더 뛰어났다는 의미가 아니라
요즘 말로 나는 대단한 '관종'(관심종자)이었다.

또래 친구들의 관심보다는

어른들의 칭찬과 관심을 더 받고 싶어 했다.

아마 가정환경의 영향일 것이다.

나를 사랑해주는 형들이 있었지만

그들을 제치고 부모님과 어른들의 사랑을

차지하기란 쉽지 않았다.

첫째 형은 '수재'였다.

넉넉지 않은 가정 형편에

사교육을 일절 받지 않고

혼자 공부해서 전교 1등을 놓치지 않았다.

또 서울대 의대에 입학하여

집안의 자랑거리이자

든든한 장남의 자리를 확고히 했다.

내가 부모님이어도 맏형을 가장 좋아할 것 같았다.

둘째 형은 '미남'이었다.

형제 중 가장 잘생긴 데다가(지금은 내가 더 낫다고 생각하지만~)

주어진 일을 착실하게 해냈다.

배려심도 많고 남자다워서

내게 어려운 일이 생기면

언제든 나서서 도와주는 멋진 형이었다.

셋째 형은 '딸 같은 아들'이었다.

마음이 여리고 착해서

부모님에게 힘이 되어드리고 애교도 잘 부렸다.

무엇보다 아버지를 닮아 목소리가 좋아서 노래를 참 잘했다.

어릴 적 노래 못하는 게 콤플렉스였던 나는

셋째 형이 가장 부러웠다.

글을 쓰는 지금은 좋은 점만 떠오르지만,

각자 개성과 장점이 너무나 뚜렷한 형들 사이에서

딱히 잘나지도 않고 잘하는 것도 없는

막내인 나는 나름 마음고생을 하며 자랐다.

위로 세 형을 뚫고

부모님의 관심과 사랑을 받고자

부단히 노력해야만 했다.

누가 시키지 않아도

공부와 숙제를 스스로 했고,

식당에 가면 수저를 가지런히 놓고 물을 떠드렸다.

어떻게 하면 칭찬과 사랑을 받을지 늘 고민했다.

그중 기억에 남는 두 가지 일화가 있다.

나는 교회 어른들에게 인사를 곧잘 했다.

어릴 때부터 목사님이 되겠다고 말하고 다녀서

교회 어른들은 나를 볼 때마다

"예비 목사님, 안녕하세요~" 하며 인사해주셨다.

나는 그 말이 너무 좋았다.

대접받는 기분이 들었기 때문이다.

그래서 주일에 교회에 가면

꼭 주방부터 들러서 봉사하시는

권사님, 집사님들에게 인사를 드렸다.

어른들이 아무리 많아도 꼭 한 분씩 인사를 했다.

더 많이 칭찬받기 위해서였다.

어른들은 이런 나를 기특해하셨다.

또 한번은 교회에서 야유회를 갔을 때였다.

교인들이 함께 고기를 구워 먹으며 교제를 나누었다.

평소 음식에 호기심이 많던 나는

청양고추 맛이 궁금해서 하나를 집어먹었다.

그 모습을 본 어른 한 분이

"이야~ 어린애가 청양고추도 먹고 대단한데~"라고 하셨다.

나는 그 말을 듣고는 일부러

고기는 안 먹고 고추만 계속 집어먹었다.

(그 강렬한 매운맛이 지금도

내 혀와 배 속에 얼얼하게 남아있다!)

사실 어릴 적 관심받기 위해

몸을 사리지 않던 이런 습성이

지금도 종종 나타날 때가 있다.

뒤죽박죽 내리막길

초등학교 4학년 즈음부터
우리 가족은 일 년에 한 번씩 이사를 했다.
거의 학년이 바뀔 때마다 전학을 가서
매년 새로운 친구를 사귀어야 했다.

그래도 다행히 친구들과 잘 어울리며
학업에도 큰 지장이 없었다.
오히려 내 인생의 전성기는 초등학교 시절이라 할 만큼
교우 관계도 원만하고 성적도 좋았다.

오산에서 보낸 초등학교 6학년 시절,
나는 전교 부회장에 선출되었다.

졸업할 때는 국회의원 표창까지 받을 정도로
나름 훌륭한 학생이었다.
게다가 할머니와 함께했던 한자 공부 덕분에
국가 공인급수인 한자 2급까지 따내며
부모님과 주변의 기대를 한 몸에 받았다.

그런데 초등학교 졸업과 동시에 또 이사를 해서
원래 가려던 학교가 아닌
새로운 지역에서 중학교 배정을 기다렸다.

셋째 형이 전학 간 학교에 지원했는데
이미 배정이 끝난 후라 떨어지고
결국 나는 집에서 조금 먼 중학교에 배정을 받았다.

부모님은 막내인 내가 혼자서
먼 거리를 등하교하는 걸 걱정하셨다.
그래서 한 가지 솔깃한 제안을 하셨다.

"진헌아, 학교에 가지 않고 열심히 공부해서
검정고시를 보고 대학에 일찍 가는 게 어떻겠니?"

나는 어린 마음에 학교에 가지 않아도 된다는 게
신이 나서 덜컥 그러겠다고 했다.
그렇게 아무런 준비 없이
중학교 과정을 홈스쿨링으로 시작했다.

나중에 부모님의 이야기를 들어보니
어린 내가 한자 자격증도 따고 상도 받는 모습을 보면서
서울대에 입학한 첫째 형처럼
스스로 척척 잘할 거로 기대하셨다고 한다.
그러나 홈스쿨링은 내 체질에 맞지 않았고,
성적은 점점 내리막을 걸었다.

나는 워낙 할머니를 좋아해서
연로하신 분들에게 관심이 많았다.
처음엔 한의학을 공부해서 목회할 때
그 분들에게 도움이 되고 싶었다.

그래서 '경희대 한의학과 최연소 입학'이라는
목표를 세우고 정말 열심히 공부했다.
하지만 갑자기 학교에 가지 않고
익숙하지 않은 자율 학습을 하려다 보니
나태함에 빠져 점점 꿈과 멀어졌다.

대신 뒤늦게 드라마에 빠졌다.
공부할 시간에 '제빵왕 김탁구', '응답하라 1997' 등을
부모님 몰래 보는 게 취미가 되었다.
또 '피파온라인 2', '위닝 일레븐' 같은
축구 게임에 몰두하느라 공부 시간을 다 까먹었다.
집 밖에 나갈 일도 없으니 살만 쪘다.

다행히 중졸 검정고시는 합격해서
고졸 검정고시를 준비하기 시작했지만,
내 삶은 완전히 침체기였다.

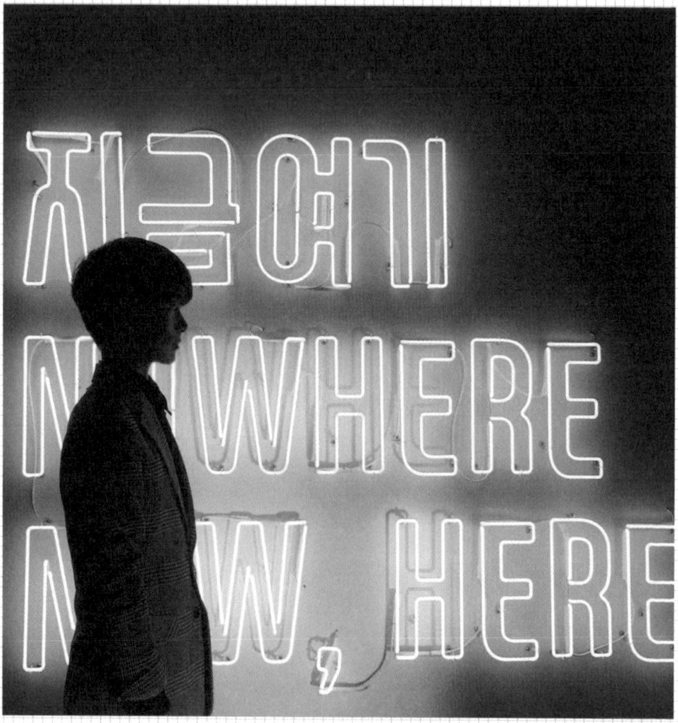
지금여기

또래 친구들이 학교에서 자연스럽게 어울리고
배우고 성장하는 시기에
나는 혼자 방에서 무기력하게 하루하루를 보냈다.

목회자의 꿈은 여전했지만 막연한 이상에 불과할 뿐,
그 꿈이 삶에 미치는 영향은 미미했다.
물론 그때도 매일 할머니와 성경을 읽었지만
내 신앙이 성숙해서 한 건 아니었다.

그런데 홈스쿨링에 종지부를 찍는 일이 일어났다.
그날도 나는 방에서 공부하는 척하며
부모님 몰래 게임을 즐기고 있었다.

아버지는 작정하신 듯 그 현장을 급습하셨다.
게임하는 나를 보고 매를 드셨고,
나는 찍소리도 못 내고 매 맞을 준비를 했다.

고개를 숙인 채 잔뜩 긴장한 나를 보며
아버지가 말씀하셨다.

"진헌아, 검정고시 그만두고 고등학교에 가자."
"아… 네."

나는 잘됐다고 생각했다.
혼자서 버거운 시간을 보내며 낭비하느니
학교에 돌아가는 게 맞는 것 같았다.
마침 고등학교 접수 기간이어서
입학 접수를 했다.

급작스레 고등학교 진학을 앞두니
기분이 이상했다.

혼자 해내지 못해 학교에 다시 다녀야 한다는 허탈감,
새로운 친구들을 사귈 수 있다는 기대감,
학교생활에 적응할 수 있을지에 대한 걱정 등
여러 감정이 뒤죽박죽이었다.
나는 마음의 준비를 해야 했다.

내 사랑아, 일어나서 함께 가자

고등학교 입학 몇 달 전쯤이었다.
부모님은 큰맘 먹고
우리 사 형제를 '성령 캠프'라 불리는
외부 수련회에 보내셨다.

우리 형제는 태어나서 한 번도
그런 곳에 가본 적이 없어서
설렘과 기대를 안고 수련회에 참석했다.

그곳은 'PK LOVE'라는 단체에서 주최한
목회자 자녀 세미나였다.
스태프부터 모든 참가자가
목회자 자녀로만 구성되었다.

그래서인지 처음 보는 이들인데도
마음 터놓고 어울릴 수 있었다.

나는 조에서 가장 어렸는데
외모가 귀여워서인지 형들과 누나들에게
많은 사랑을 받으며 즐거운 시간을 보냈다.

그러던 중 놀라운 광경을 목격했다.
찬양 시간에 마구 뛰면서 찬양하는 사람들을 본 것이다.
당시 내게는 일어서서 손뼉 치며 찬양하는 것조차
어색한 일이어서 뛰면서 찬양을 한다는 건
익숙하지 않은 정도가 아니라 이상해 보였다.

그런데 어느샌가 나도 그들과 함께
뛰면서 찬양을 하고 있었다.
또 말씀 시간에 집중해서 설교를 들었고
기도할 때도 마음과 생각을 모으려고 애썼다.

사실 그전까지는 그렇게 오랜 시간
기도해본 적이 없었다.
또 소리 내어 기도하거나
기도하면서 눈물을 흘린 적은 더더욱 없었다.
그랬던 내게 평생 잊지 못할 사건이 일어났다.

그동안 '하나님'이라는 존재는
내게 '그냥 좋은 분'이셨다.
조부모님과 부모님이 열심히 믿는 분이며
위대하고 선한 분이라는 관념만 있을 뿐,
한 번도 하나님과 내 관계를
따로 떼놓고 생각해보지 않았다.

그런데 신나게 뛰며 하나님을 찬양하고
진지하게 성경 말씀을 듣고
온전히 그분께 집중하며 기도하다 보니
한 가지 사실이 깨달아졌다.

'그 크고 선하신 하나님을
나처럼 작고 연약한 자가 함부로 사랑해도 될까…?'

하나님을 깊이 알아갈수록
극명히 대비되어 보이는 건 내 존재의 연약함이었다.
이 세상을 만드신 하나님의 크고 위대하심에 비하면
나는 길가에 떨어진 나뭇가지만도 못한 하찮은 존재였다.

하나님은 내 자각을 여기서 멈추지 않으셨다.
오히려 그 위대하신 하나님과 미약한 나 사이에
끊을 수 없는 사랑이 있음을 알려주셨다.

하나님께서 세상을 이처럼 사랑하셔서
외아들을 주셨으니,
이는 그를 믿는 사람마다 멸망하지 않고
영생을 얻게 하려는 것이다.
하나님께서 아들을 세상에 보내신 것은,
세상을 심판하시려는 것이 아니라,
아들을 통하여 세상을 구원하시려는 것이다.

요한복음 3장 16,17절

나는 의인을 부르러 온 것이 아니라,

죄인을 불러서 회개시키러 왔다.

누가복음 5장 32절

나는 확신합니다.

죽음도, 삶도, 천사들도, 권세자들도,

현재 일도, 장래 일도, 능력도,

높음도, 깊음도, 그 밖에 어떤 피조물도,

우리를 우리 주 예수 그리스도 안에 있는

하나님의 사랑에서 끊을 수 없습니다.

로마서 8장 38,39절

하나님께서는 부족하고 연약하고

너무나 작은 존재인 나를 위해 친히 이 땅에 오셨다.

다른 훌륭하고 멋진 의인을 위해서가 아니라

나 같은 죄인을 위해 오셨다는 사실이 믿어졌다.

눈물이 하염없이 쏟아졌다.
하나님의 사랑이 마음으로 느껴졌다.
자격 없는 내가 그 과분한 사랑을 누린다니,
감격과 기쁨이 나를 감쌌다.

'일어나서 함께 가자!'

하나님의 음성이 가슴에 쿵쿵 울렸다.
형용할 수 없는 그 음성이 내 안을 가득 채웠다.

나의 사랑하는 자가 내게 말하여 이르기를
나의 사랑, 내 어여쁜 자야 일어나서 함께 가자

아가서 2장 10절

예수님으로 채워지다

나는 사흘간 성령 캠프에서
하나님을 뜨겁게 만났다.
일생일대의 경험이었다.

그때부터 신앙의 모습이 많이 바뀌었다.
앞서 말했듯이
어릴 때부터 관종이었던 나는
신앙도 '관종스러울' 때가 많았다.

신앙생활의 동력이
내 믿음보다는 주로 외부에 있었다.

어른들에게 칭찬받기 위해,
부모님의 관심과 사랑을 받기 위해,
할머니를 기쁘게 해드리기 위해
신앙생활을 하는 '척'했다.
다른 사람에게 잘 보이기 위해
성경을 읽고 예배를 드렸다.

그러나 하나님의 사랑을 깨닫자
완전히 바뀌었다.
주일이 기다려지고, 예배 시간이 기대됐다.

사람의 인정과 칭찬을 갈구하고
무엇으로도 채워지지 않던 공허함이
예수님을 만나자 이루 말할 수 없는
충만함으로 완벽히 채워졌다.

하나님께서는 오직 믿음으로
신앙생활 하는 법을 차근차근 알려주셨다.

마치 어린아이가 걸음마를 떼듯
하나님 품만 바라보며 나아오게 하셨다.

더는 밑 빠진 독처럼 허망한 만족감을 찾지 않았다.
주변을 기웃거리며 시선을 의식할 필요도 없었다.
내 영혼의 목마름이 채워졌기 때문이다.

그때 비로소 막연히 간직해온
목회자의 꿈을 주신 하나님께
전심으로 감사기도를 올려드렸다.

내가 주는 물을 마시는 사람은,
영원히 목마르지 아니할 것이다.
내가 주는 물은, 그 사람 속에서,
영생에 이르게 하는 샘물이 될 것이다.

요한복음 4장 14절

내 별명은 예수쟁이

고등학교에 입학하자
중학 생활의 공백이 컸던 나는
모든 게 어색하고 새로웠다.

아침 일찍 일어나 교복을 입고 학교에 가는 일상,
나와 같은 옷을 입고 등교하는 학생들,
첫날부터 탐색전을 벌이는 반 아이들,
같은 중학교에서 올라와 무리 지어 다니는 아이들.

나는 처음 겪는 일이었지만
다른 아이들은 익숙해 보였다.
그래도 고등학교에서 새롭게 펼쳐질
이야기가 기대됐다.

지금도 절친인 현교와는

고등학교 1학년 때 같은 반이었다.

어떤 계기로 친해졌는지는 기억나지 않지만

아마 '목사님 아들'이라는 공통점이

크게 작용한 것 같다.

현교랑 처음 만났을 때를 이야기해보니

우리는 서로의 외모를 보며 똑같은 생각을 했었다.

'뭐 이런 애가 목사님 아들이냐?'

급속히 친해진 우리는 담임선생님의 권유로

'기독학생회'라는 기독 동아리에 들어갔다.

학교에 교회 다니는 친구들은 꽤 있었지만

잘 드러내지는 않았다.

그래서 많은 인원이 모이지는 못했지만

매주 점심시간에 모여 예배를 드렸다.

우리는 나름 '스쿨처치'였다.

축제 때는 네팔 어린이 후원을 위해
팔찌를 만들어 팔며 모금 활동을 했다.
솔직히 팔찌 디자인이 참 별로였다.
나라도 천 원이나 주고 살 것 같지 않았다.

그런데 한 여중생이 팔찌를 사겠다고 했다.
(우리 학교는 남녀공학 중학교와 붙어있었다.)
나는 의아했다.

'얘가 왜 이런 팔찌를 사지?'

알고 보니 현교의 계략이었다.
그 여중생은 현교에게 들었다며
내게 조심스레 물었다.

"이 팔찌를 사면 정말 오빠가 안아주나요…?"

순간, 나는 놀라서 얼어붙었지만
차마 "아니"라고 말할 수가 없었다.
할 수 없이 팔찌를 산 보답으로
그 친구를 가볍게 포옹하며 토닥여 주었다.

그 계기로 소문이 돌기 시작했다.
팔찌를 사면 내가 프리허그를 해준다고.
덕분에 축제 내내 팔찌 사러 온 이들로
줄이 끊이지 않아 완판을 했다.
(이 이야기는 기독 동아리 에피소드를 소개하기 위함이지
내 자랑을 하려는 게 아니다.)

이후 현교와 나는 동아리 활동을 열심히 했고,
우리는 신앙 이야기를 스스럼없이 나누는
친한 친구이자 동역자가 되었다.

그러다 보니 학교에서
내 정체성을 말하는 게 어렵지 않았다.
'나는 크리스천이고 목사의 아들이며
내 꿈도 목사'라고 자연스럽게 소개했다.
그러자 학교 친구들이 교회와 기독교에 관해
궁금한 걸 종종 물어왔다.

그때가 전도의 기회였다.
나는 그들에게 교회에 오면
그 답을 알 수 있다며
한번 와보라고 권했다.

어떻게든 친구들에게 말하고 싶었다.
내가 만난 하나님은 사랑 그 자체이시며
예수님은 나를 살리시는 분임을.
이 놀라운 복음이 가 닿기를 간절히 바랐다.

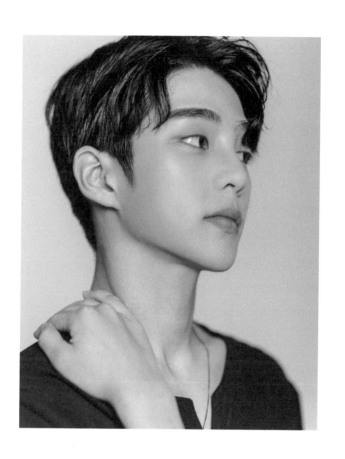

주말에 친구들이 놀자고 하면
무조건 교회로 오라고 했다.
나랑 놀고 싶으면 예배드린 뒤에 놀자고,
안 그러면 못 논다고 회유하며
어떻게든 교회로 이끌었다.

물론 그 친구들이 다 우리 교회에
정착하지는 않았지만
한 번씩 교회에 와서 예배드리며
보고 들은 것들이 마음에 남아
언젠가 그들의 인생 가운데
하나님의 선하신 뜻대로 사용되기를 기도했다.

나는 틈만 나면 친구들을 전도했고
친구들은 그런 나를 '예수쟁이'라고 놀렸다.
희한하게 놀림을 받아도 기분이 좋았다.

또래 친구들이 세상 즐거움과 쾌락을 따라갈 때

나는 예수님이 걸어가신 길을 따르는

예수쟁이로 살고 싶었다.

그것만큼 멋진 게 있을까 싶었다.

나는 복음을 부끄러워하지 않습니다.

이 복음은 유대 사람을 비롯하여 그리스 사람에게 이르기까지,

모든 믿는 사람을 구원하는 하나님의 능력입니다.

로마서 1장 16절

그런데 내게는 우리 주 예수 그리스도의 십자가밖에는,

자랑할 것이 아무것도 없습니다.

그리스도로 말미암아, 내 쪽에서 보면 세상이 죽었고,

세상 쪽에서 보면 내가 죽었습니다.

갈라디아서 6장 14절

주 안에 불가능은 없다

대한민국에서 '고3'이란
특별한 시기이자 의미를 지닌다.

가장 큰 스트레스와 불안을 떠안고 살지만
그만큼 모두가 배려하고 응원해주는 시기이다.

많은 고3이 대학 진학에 예민한 가운데
공부에 열정을 갖고
이전까지는 꿈꿔보지 않았던
높은 목표를 세우기도 한다.

나도 그랬다.

고3이 되자 학업을 향한 불타는 의지가 생겼다.

하지만 안타깝게도 고등학교에 들어간 뒤에

한 번도 제대로 공부를 해본 적이 없었다.

검정고시를 준비하며 너무 놀았던 탓인지

초등학교 때의 우수한 학습력은 온데간데없고

'공부가 선천적으로 나와 맞지 않는 걸까'라는

진지한 고민을 거듭했다.

하지만 고3이 되자 정신이 차려졌다.

초인적인 힘과 불굴의 의지가 솟고

공부에 대한 마음가짐이 달라졌다.

'나도 열심히 공부해서

첫째 형처럼 명문대에 들어가야겠다!'

굳게 다짐하고 눈에 불을 켜고 공부한 뒤
3월 첫 모의고사를 치렀는데
결과는 5,6등급.

내 성적은 명문대와는 멀어도 너무 멀었다.
정말 충격이었다.

그러나 "3월 모의고사 성적이 수능 성적"이라는
통념이 나를 좌절시키진 못했다.
오히려 바닥을 쳤으니 남은 건 올라갈 일뿐이었다.
더 높이 날아오를 거라는 기대와 희망이 넘쳤다.

그즈음 담임선생님과 입시 상담을 했다.
선생님이 어느 대학에 가고 싶냐고 물으셨다.

내가 "서울 OO대학교 이하는
대학으로 보지 않습니다"라고 하자,
선생님은 어이없다는 듯 쳐다보셨다.
근거 없이 당당하고 자신감 넘치는 내가
이해되지 않는 눈빛이었다.

누가 뭐라 해도 내 희망은 꺾이지 않았다.
난 꿋꿋이 공부하기 시작했다.

사실 수능 공부를 제대로 하는 게
거의 처음이어서 아는 것도, 요령도 없었다.
그래서 첫째 형에게 수학 과외를 받으며
나머지 과목은 혼자 차근차근 공부했다.
뒤늦게 시작한 공부였지만 마음은 간절했다.

정말 하루도 쉬지 않고 열심히 공부했다.
쉬는 시간이나 점심시간, 방과 후에도
친구들과 놀지 않고 계속 공부했다.

중간, 기말고사가 끝나도 쉬지 않았다.
오로지 대망의 수능을 바라보며
열정적으로 공부에 임했다.

사실 공부에 열중한 진짜 이유는
또래 친구들처럼 고3이면 으레 갖는
입시 부담감 때문만이 아니었다.

'지금 내가 공부하지 않고
나를 쳐서 훈련하지 않으면,
하나님의 말씀을 전하는 자로서
올바로 살아가지 못할 거야.'

목사가 되기 위해,

하나님이 쓰시기에 좋은 도구가 되기 위해

준비되고 싶었던 게 내 진짜 동기였다.

그래서 공부할 때 항상 기도로 지혜를 구했다.

끝까지 포기하지 않은 결과,

마침내 수능에서(영어를 제외하고)

모두 1,2등급을 받으며 반에서 최고점자가 되었다.

이 과정을 통해 나는 주님 안에서

해내지 못할 게 없다는 걸 경험했다.

주위 사람들은 내 목표를 비웃고

당연하다는 듯 내 실패를 예견했다.

너무 늦어서 가망이 없다고 했지만

나는 믿었다.

내 힘이 아닌

하나님께서 주시는 능력으로 해낼 수 있다고.

이후 나는 무엇에 도전하든지

목표를 높게 잡았다.

일 년이라는 짧은 기간 동안 노력하여

좋은 성적을 거두었으니,

일 년 더 열심히 공부하면

'SKY 대학'에도 진학할 수 있을 것 같아

재수를 선택했다.

나에게 능력을 주시는 분 안에서,

나는 모든 것을 할 수 있습니다.

빌립보서 4장 13절

고독하지만 화려한 인생

재수 생활과 함께 새해가 밝았다.
지난해와 비슷하면서도 새로운 삶이 시작되었다.

나는 아침 일찍 일어나 늦은 밤까지
집 근처 작은 독서실에서 공부했다.
뚜렷한 목표가 있었기에
아무도 못 만나고 종일 혼자 공부만 해도
외롭지 않았다.

오히려 그날그날 이루어낸
학업 목표를 바라보며 즐겁고 뿌듯했다.

그렇게 어느새 두 달이 지나
친구들이 대학에 입학하는 3월이 되었다.
그러자 조금씩 마음이 흐트러졌다.

나는 아침부터 저녁까지
혼자 끼니를 때우며 밤낮없이 공부하는데
대학에 가서 즐겁게 지낼 친구들을 생각하니
회의감이 들었다.

그들과 내 처지를 비교할수록
자괴감이 더욱 짙어졌다.
우울과 부정적인 생각이 나를 옭아맸고
불면증까지 찾아왔다.

그때 처음 외로움을 넘어
고독이 무엇인지 맛보았다.
오랜 시간 혼자 끙끙 앓던 중에
어머니가 내 힘듦을 눈치채고는
독서실로 찾아오셨다.

나는 어머니에게 마음을 털어놓았다.
어머니는 진지하게 듣고 공감해주셨다.
또 사랑이 담긴 조언을 건네며
내가 다시 하나님을 바라볼 수 있게 도와주셨다.

나는 어머니 덕분에 하나님께 기도로 나아갔다.
나를 갉아먹는 우울에서도 벗어났다.

어찌 보면 당연히 우울하고, 고독하고,
힘들 수밖에 없는 상황이었지만,
여전히 하나님이 함께하시기에
나는 혼자가 아니었다.

내게 주신 사명을 감당하기 위해
고된 길을 한 발 한 발 나아가는 내 모습을
하나님이 바라보시고 응원하시며
기뻐하고 계신다는 걸 알게 되자
다시 기쁜 마음으로 힘을 낼 수 있었다.

그분을 향한 마음과 신뢰 관계가 회복되자
우울은 자연스레 사라졌다.

반복되는 재수 생활에도
내가 놓치지 않은 게 있었다.
어릴 때부터 관종이었던 내게는
매일 채워야 할 '관심 필요량'이 있었는데
그 수단이 필요했다.
그러나 독학 재수생이 대면 만남을
가질 수는 없는 노릇이었다.

그때 발견한 게 '인스타그램'이었다.
이 앱에 내 사진을 올리면
나와 친구가 아닌 사람도 볼 수 있고
'좋아요'를 누를 수 있었다.
또 사진 밑에 댓글을 달거나
내 계정을 '팔로우' 할 수도 있다는 게
굉장히 흥미로웠다.

나는 고독한 재수 생활 중 틈틈이
셀카를 찍어 올리기 시작했다.
그러자 몇몇 사람이 내 사진에 반응을 보였고,
나는 SNS 공간에서 그들과 소통하며 지냈다.

실제로 만나지는 못해도
온라인상에 내 삶의 모습을 기록하고
누군가와 대화를 나누고 칭찬을 받자
관심 필요량이 하루하루 채워졌다.

시간이 흐를수록 모르는 사람들이
내 게시물에 점점 더 큰 반응을 보였다.
이 일이 혼자인 것만 같은 재수 생활에
단비가 되어주었다.

온전히 의지할 수 있고
더없이 기대할 수 있고
끝까지 붙잡을 수 있는
유일한 존재가

오직 하나님뿐이라는 사실을 잊을 때
우리 마음은 상함을 입기 마련이다

완전한 사랑이신
하나님을 바라볼 때
그분은 이미 우리 마음을
위로하고 계신다

그분으로 인해
비로소 우리는 온전해진다

2

더 사랑하게
해주세요

인플루언서 최진헌

어느새 인스타그램은
가장 즐거운 취미생활이 되었다.

재수 생활 중 공부하는 모습, 교회 가는 모습,
은혜 받은 말씀, 삶에서 누린 은혜 등
자연스럽게 내 삶을 나누며 많은 사람과 소통했다.

그런데 어느 날부턴가 신기한 일이 일어났다.
'팔로워'와 '좋아요' 수가 나날이 늘더니
여러 회사에서 나를 '인플루언서'라 부르며
제품 협찬 광고를 맡기는 등
상상하지 못했던 일들이 벌어졌다.

이 일련의 일들은 내가 가진 영향력이
그만큼 커지고 있음을 말해주었다.

사진을 올리기만 하면 제품을 무료로 받고
때로 큰 수입은 아니지만 광고비도 받았다.
내가 대단한 사람이라도 된 듯한 기분이 들었다.

그런데 이보다 더 놀라운 건,
모르는 사람들이 내게 보내는
신앙과 관련한 메시지였다.

그 내용이 정말 다양했다.
내가 신앙생활 하는 모습을 보거나
내 묵상 나눔을 읽고 느낀 신앙적인 고민,
받은 은혜를 정성껏 보내주는 게 감사했다.

"원래 교회 다니는 사람들은
다 이상한 사람들일 거라는 편견이 있었는데,
진헌 님의 게시물을 보면서 생각이 많이 바뀌었어요."

"어릴 때 교회에 다니다가 안 다닌 지 오래되었어요.

그런데 진헌 님이 신앙생활 하는 모습을 보니

다시 가고 싶어졌어요."

"요즘 제가 신앙적인 고민이 있는데

혹시 들어주실 수 있나요?"

"교회에서 봉사를 하는데, 점점 일로 느껴져요.

목사님은 내년에도 하라고 하시는데

어떻게 해야 할지 모르겠어요."

"취업에 계속 실패해서 점점 자존감이 낮아져요.

무기력하고 아무것도 하기 싫을 때 어떻게 해야 할까요?"

"최근 가정에 여러 가지 어려움이 생겼어요.

왜 이런 일들이 생기는 걸까요? 하나님이 원망스러워요."

많은 사람이 다양한 메시지를 보내왔다.

모르는 사람과 신앙 고민을 나눈다는 게

어색하면서도 신기했다.

나는 열심히 답변하며 그들에게 도움이 되길 바랐다.

그러면서도 재수생 신분이었기에

공부를 게을리하지 않고

하루하루 수험 생활을 이어나갔다.

어느덧 수능 날이 성큼 다가왔다.

열심히 공부하고 노력한 덕에

모의고사 성적은 안정적으로 올라온 상태였다.

내가 목표로 하는 대학에

반드시 입학할 거라는 큰 기대감으로

수능 날을 기다렸다.

그런데 수능 전날 밤,

아니 그 이전부터 잠을 계속 설쳤다.

그 탓일까,

시험장에 들어서면서 나는 직감했다.

무언가 잘못되었음을.

자리에 앉았는데 머리가 맑았다.

너무 맑아서 붕 뜬 기분이 들었다.

시험을 보러 온 게 아니라

소풍을 온 것 같은 느낌이었다.

1교시 국어는 가장 자신 있는 과목인데

평소처럼 문제에 집중할 수가 없었다.

나는 긴장과 떨림 속에서

한 문제씩 겨우 풀어나갔다.

분명히 평소와 같지 않았다.

떠다니는 정신을 붙잡기 위해 안간힘을 썼다.

일 년을 고대하며 준비한 수능 시험은

결국 제 실력을 발휘하지 못하고 끝이 났다.

허무했다.

수험장을 빠져나오면서 나는 딱 한마디를 뱉었다.

"아, 일 년 더 해야겠다."

요즘도 어머니는 내가 재수할 때

인스타그램만 안 했어도 수능을 잘 봤을 거라고

우스갯소리로 말씀하시지만,

내게는 그 일 년이 뼈를 깎는 인고의 시간이었다.

간절한 마음으로 수험 생활에 임했고

목표를 이루기 위해 최선을 다했다.

그런데 내가 쏟아부었던 시간이
어느 것 하나 이뤄내지 못하고
수포로 돌아갔다는 좌절감에
수험장에서 나오자마자
길거리에 주저앉자 서럽게 울었다.

고통 속에서 겨우 버텨온 수험 생활을
또다시 해야 한다는 생각에
눈앞이 깜깜했다.

그러나 나를 죽이지 못하는 고통은
나를 성장하게 만든다고 했던가.
다시 치열하게 공부해서
반드시 목표를 이루겠다는 각오로
삼수 도전에 마음을 굳혔다.

신학생 그리고 사역자

이 년간 준비한 수능이었지만
상대는 강했고, 나는 약했다.

나는 삼수에 재도전하기 위해
부모님을 설득하려 했으나
두 분은 완강히 반대하셨다.

내가 수능을 잘 보지 못한 것이
실력이나 노력의 부족보다는
갑작스런 컨디션 난조로 인한 것이기에
삼수를 도전했다가 또 일 년을 허비할까 봐
걱정하며 말리셨다.

대신 목회자의 꿈을 이루기 위해
신학교에 가서 공부하며
좋은 동역자를 만나는 것도 유익하다며
총신대 입학을 제안하셨다.

그러나 나는 명문대 입학에 쏟아부은
시간이 너무 아까웠다.
또 내가 세운 목표를 이루기 위해
삼수를 꼭 하고 싶었다.

더 솔직하게 말하면,
총신대는 가고 싶지 않았다.
오랜 수험 생활 동안 은연중에
대학을 순위로 평가하는 습관이 생겨서였다.

하지만 한 달 동안 계속된 부모님의 설득에
결국 총신대 신학과에 입학했고,
하루아침에 신학생이 되었다.

물론 원하던 대학이 아니어서
마냥 기쁘지는 않았지만,
오랜 수험 생활에 이골이 난 참에
새롭게 시작된 대학 생활이 설렘으로 다가왔다.

처음 학교에 입학하고
주변의 수많은 신학생을 보며 생각했다.

'다들 어떤 마음으로 이 학교에 온 걸까?'
'하나님을 사랑하는 내 또래가 생각보다 많구나.'
'이 OT(오리엔테이션)가 내가 가고 싶던 학교의
OT였다면 더 좋았을 텐데.'

궁금증과 아쉬움, 여러 복잡한 생각이
머릿속을 가득 메웠다.

설레면서도 마냥 기쁘지만은 않고,
얼른 가고 싶지만 인정하기는 싫은 첫 OT에 갔다.

벌써 꽤 오랜 시간이 지났지만
난 그때를 잊을 수가 없다.

내가 이 학교에 온 게
수능을 망쳐서가 아니라
하나님의 선한 계획과 인도하심이었음을
깨닫게 되었기 때문이다.

OT 기간 내내 예배를 드렸다.
모든 순서와 구성도 성경 말씀을 토대로 짜여있었다.
교회가 아닌 학교에서도
하나님의 말씀을 들을 수 있고,

복음과 관련된 활동을 자유롭게 할 수 있으며,
내가 만난 하나님을 나누고 공감해줄
친구가 있다는 게 매력적으로 느껴졌다.

문득 이런 생각이 들었다.

'만일 신학교가 아닌 일반 대학교에 갔다면
과연 내 신앙을 잘 지켜낼 수 있었을까?'

나를 이곳으로 보내신 게
하나님의 보호하심이라는 생각에
감사의 마음이 들었다.

지식이 아닌 삶으로

대학 생활이 시작되었다.
보통은 대학에 들어가면
새로운 친구를 사귀고 친해지는 데
노력을 기울인다.

하지만 나는 사람들과 무리 지어 다니는 걸
좋아하지 않아 주로 도서관에서 책을 읽거나
공부하면서 시간을 보냈다.

아마도 입시를 준비할 때 생활 습관이
남아있는 것 같았다.
그렇게 공부만 하며 지내던 어느 날,
문득 내 모습을 돌아보니

재수생에서 대학생으로 신분이 바뀐 것 말고는
수험생 시절과 별다를 게 없다는 사실에
현타(현실 자각 타임)가 왔다.

'내가 이러려고 대학에 왔나….'

그때부터 나는 사람들과 어울리려고 노력했다.
수업이 끝나면 친구들과 한강에 가서
자전거를 타고 치킨도 먹으며 교제했다.

하나님을 지식으로 배우고 알아가며
기쁨과 행복을 누리는 것도 물론 중요하다.
그러나 그분의 성품과 은혜를 사람들과 나누고
삶으로 실천하는 것도 중요하다.

신학을 공부하다 보면
자칫 마음이 차가워질 수 있다고 한다.
머릿속에 하나님에 대한 지식은 쌓이지만
삶에 흘려보내지 못해서다.

하나님을 아는 지식은 혼자 간직하는 게 아니라
주 안에서 지체들과 코이노니아를 이룰 때
완성된다는 걸 알았다.

그 무렵 모교회에서 유초등부 사역을 맡았다.
설교를 제외한 유초등부의 모든 예배와
행사를 총괄하는 역할이었다.
비교적 어린 나이에 다음세대를
섬길 기회가 주어졌고, 그들이 하나님께
올바로 나아가도록 도울 수 있어서 감사했다.
정말 하나님의 은혜였다.

비록 내가 세운 계획과 전혀 다른 길을 걷고 있었지만,
하나님의 선하신 뜻대로 가고 있음을 느끼며 안심했다.

사람이 마음으로 자기의 앞길을 계획하지만,
그 발걸음을 인도하시는 분은 주님이시다.
잠언 16장 9절

d.of.j.c

더 알고 싶어요 더 사랑하고 싶어요

하나님을 더 알고 싶어요

하나님을 더 사랑하고 싶어요

나를 사랑하시는 여호와 하나님

나를 붙드시는 여호와 하나님

더 알고 싶어요 더 사랑하고 싶어요

d.of.j.c 어린아이의 순수한 목소리로 전해지는
이 꾸밈없는 고백이 마음을 두드린다

우리는 무엇을 알고 싶어 하는가?
우리는 무엇을 사랑하고 싶어 하는가?

이 땅에 살아가는 우리가
알아야 하는 것은
사랑해야 하는 것은

나를 사랑하시는 여호와 하나님
나를 붙드시는 여호와 하나님
나의 왕 되신 여호와 하나님

"더 알고 사랑하고 싶습니다"

#고백 #더알고싶어요 #파이디온선교회

d.of.j.c

d.of.j.c 오늘 유초등부 반별 장기자랑 행사가 있었다.
많은 아이가 나오지 못해서, 갑작스레 편성된
'유치부 1학년' 반과 2학년 '헵시바' 반뿐이었다.
적은 인원에, 부족한 게 많았지만
즐겁게 참여하는 아이들이 너무 귀엽고 기특했다.

오늘은 아이들과 속 깊은 이야기를 나눌 기회가 있었다.
아이들의 고충을 들으며 그들을 향한 사랑이 깊어졌다.
하나님께서는 내게 이 아이들을 사랑하고, 보듬어주며,
그분의 자녀로 자라도록 양육하라고 하신다.
이 귀한 사명을 맡겨주신 주님께 감사를 드린다.

나는 당신들이 잘되도록 기도할 것입니다.
나는 당신들이 가장 선하고
가장 바른길로 가도록 가르치겠습니다. 삼상 12:23

#예안교회 #유초등부 #넘귀

진짜 내 길이 맞을까?

대학교 1학년, 유초등부 간사로서
첫해가 순식간에 지나고
어느덧 학부 2학년이 되었다.

나는 아버지가 담임하시는 교회에서
교육전도사로 임명을 받았다.
유초등부뿐 아니라 청년학생부까지 담당하며
모든 교육부서의 사역을 맡았다.

솔직히 많이 부담스러웠다.
신학교에 들어간 지 일 년밖에 되지 않았고
제대로 공부한 것도 많지 않은데
하나님의 말씀을 전한다는 게 두렵고 떨렸다.

그나마 유초등부는 어린아이들인데다가
그동안 교육을 해온 경험이 있어서
다가가는 데 어려움이 덜했다.
그러나 내 또래인 청년부 사역은
잘 감당할 수 있을지 걱정과 고민이 앞섰다.

나는 더 많이 준비하고 더 많이 기도했다.
아버지에게 설교 준비 방법 등을 여쭙고
선배 사역자를 찾아가 자문했다.

기도하며 본문 말씀을 정하고
주석을 뒤져가며 말씀을 주해하고
책과 인터넷에서 예화를 찾아가며
불철주야 설교 준비에 매진했다.

미숙하고 부족하기에
내 일주일은 하루도 빠짐없이
사역 준비로 채워졌다.

그즈음 학교 근처에서 자취를 시작했다.
룸메이트는 아직 사역을 시작하지 않은 동기였다.
그를 보면 불만과 부러움이 올라오곤 했다.

나는 학업에 정진하며 사역까지 하려니
시간이 턱없이 모자라는데,
그는 학업 외에 여가 시간도 누릴 수 있다는 게
이따금 미치도록 부러웠다.

다행히 차츰 설교 준비가 익숙해졌다.
또 조금은 능숙해져서 사람들 앞에서 말하는 게
떨리지 않고 자신감이 생겼다.

그런데 한 가지 고민이 생겼다.
설교 준비 자체는 큰 문제가 아니었지만,
성도들이 설교를 듣고도
변화되지 않는 것 같았다.

유초등부 사역을 시작한 지 이 년째,
그간 문제를 일으키던 아이들은
여전히 툭 하면 싸웠다.
사랑을 아무리 가르쳐도
마음에 미움만 가득해 보였다.

중고등부 학생들도 '끼리끼리' 문화에 젖어
서로 화합하지 못했다.
청년들도 교회에 몸만 오갈 뿐
삶의 변화가 딱히 일어나는 것 같지 않았다.

스스로 사역자로서 자질이 부족하다고 느꼈고
사역은 점차 무기력해졌다.

이런 고민이 꼬리를 물고 찾아든
어느 밤에 한 찬양을 들었다.
가사가 귓전에 울렸다.

세상은 항상 말하네 그 길이 아니라고
곱디고운 길이 있는데 왜 힘들게 사냐고
단순한 선택조차 내게 버겁기만 한 곳
그래도 나는 주님만 따르리

나는 계속 걸어갑니다 수없이 넘어져도
사람들의 방향과는 조금 다르다 해도
내가 가는 길이 주가 가르쳐준 길이니
이곳은 바로 주님의 세계라

〈하나님의 세계〉, 홍이삭

나는 깨달았다.
내가 걷는 길은 '곱디고운 길'이 아니다.
세상에서 '그 길이 아니라고' 만류할 만큼
별의별 어려움과 장애물, 깊은 슬럼프가
곳곳에 도사리고 있다.

그러나 주저앉거나 절망할 수는 없다.

이 길은 주님이 가르쳐주신 길이기 때문이다.

'수없이 넘어져도' 계속 걸어가는 거다.

나는 찬양을 들으며 기도했다.

'주님, 이런 상황에서 제가 무엇을 해야 하나요?

어떻게 해야 하나요? 알려주세요.'

아버지에게 조언을 구하고

유명한 목사님들의 책을 읽었다.

그러면서 알게 되었다.

하나님의 말씀을 올바로 전하는 건 내 역할이지만,

성도가 말씀을 듣고 변화되는 건 내 몫이 아니라는 걸.

이건 하나님이 그분의 방식으로

그분의 때에 하실 일이었다.

그 영역에 관여하여 내 힘으로 어찌해 보려는 게
오히려 교만일 수 있음을 깨달았다.

사역자는 성도의 변화된 삶을 위해
노력하며 책임감을 느껴야 한다.
그러나 모든 주권을 하나님께 맡겨드리는 걸
잊어서는 안 된다.

나는 여러 부서를 사역하며
품어야 할 마음가짐과 중심을 새롭게 다잡았다.

나는 심고, 아볼로는 물을 주었습니다.
그러나 하나님께서 자라게 하셨습니다.
그러므로 심는 사람이나 물 주는 사람은 아무것도 아니요,
자라게 하시는 분은 하나님이십니다.

고린도전서 3장 6,7절

초딩, 사랑과 전쟁

우리 교회 유초등부는 규모가 작은 편이다.
아이들이 많지는 않지만,
그래도 주일이면 아이들로 교회가 시끌벅적하다.

나는 다른 교회에 가본 적이 없어서
이게 평범한 주일 모습이라고 생각했다.
그런데 우리 교회에 유독 '문제아'라 불릴 정도로
장난이 심한 아이들이 많다는 걸 알게 되었다.

여름성경학교를 도와주러 온
동기나 후배들이 종종 말했다.

"장난이 심한 아이들이 되게 많네요…."

듣고 보니 그런 것도 같았다.
주일만 되면 꼭 누군가가 달려와서
다급한 목소리로 나를 불렀다.

"전도사님!! 쟤가 저한테 욕했어요!"
"전도사님!!! 갑자기 걔가 저를 때렸어요!"

나는 착잡한 마음으로 사건 현장에 출동했다.
내 기억으로 주일이 아무 일 없이
평화롭게 지나간 적이 거의 없었다.
끊이지 않는 사건 사고를 일일이 따라다니며
수습하느라 매주 정신없고 지치기도 했지만,
한 가지 나만의 철칙이 있었다.

바로 아이들이 처한 상황에
나도 들어가는 거였다.

매번 비슷한 아이들이 비슷한 상황으로
문제를 일으켰지만,
나는 현장에 있는 아이들의 말을
다 들어보는 게 중요하다고 생각했다.

내 고정관념과 편견, 사사로운 감정으로
판단하지 않고 문제를 객관적으로
바라보기 위해서였다.

많은 어른이 그동안의 경험과 지식으로
상황을 지레짐작하여 아이들의 잘잘못을 따진다.
그러면 늘 주의받던 아이가
애꿎게 혼나는 일이 발생한다.

하지만 아이들은 한결같아도
벌어지는 상황은 매번 다르다.

이걸 알아도 어른들은 그 상황에 들어가
아이들의 이야기를 하나하나 듣지 않고
축적된 데이터로 판단하려 한다.
그래서 아이들이 상처를 입고 마음을 닫는다.

내가 어떻게 아냐고?
아이들과 많이 놀다 보니 깨달아졌다.
그들에게 어떤 말씀이 필요하며
어떻게 복음을 전하는 게 효율적인지 고민하다 보니
아이들이 어떻게 생각하고 행동하는지가 궁금했다.

그래서 아이들과 참 많이 놀았다.
주일예배 드리는 시간의 몇 배는 더 뛰어놀았다.
그러자 아이들의 마음을 알게 되었고
문제가 생기면 그 상황에 들어갔다.
조금 피곤해도 꾸역꾸역 들어갔다.

그 과정에서 누구의 잘못인지 밝혀지면
그 아이가 스스로 잘못을 고백하고 반성하게 했다.
그다음 하나님의 말씀 앞에 아이를 세웠다.

존경하는 선배 사역자가 말했다.

"아무리 어린아이라도
하나님 말씀의 권위 앞에 복종하더라."

그래서 나는 언제나 아이들에게
하나님 말씀으로 이야기했다.
말씀에 비추어 무엇을 잘못했는지
하나님 앞에서
어떤 마음가짐이어야 하는지 말해주고
기도로 상황을 마무리했다.

사랑답게 사랑하라

복잡하고 피곤한 과정의 연속이었다.
그래도 아이들이 하나님 앞에
올바로 성장하기를 바라며 견뎌냈다.
그들이 달라질 거라는 소망을 품고.

그런데 시간이 지나도 크게 달라지지 않았다.
아니, 아무것도 달라진 게 없어 보였다.

교회가 조용한 날은 아이들이 오지 못한 날뿐이었다.
그러다 보니 아이들에 대한
기대가 점점 줄고 사랑도 식어갔다.

아무리 사랑으로 보듬고, 말씀을 가르치고,
날마다 기도해도 달라지지 않는 모습에
조금씩 지쳐갔다.

아이들은 날이 갈수록 서로를 더 미워했다.
때로는 선생님에게 대들고
끊임없이 문제를 일으켰다.

나는 어떻게 해야 할지 감이 안 잡혔다.
더는 아이들이 사랑스럽지 않았다.
그들을 위해 기도하지도 않았다.
그저 기계처럼 말씀을 준비하고 전했다.

그러던 어느 날, 새벽예배를 드린 후에
정말 오랜만에 유초등부 아이들
한 명 한 명의 이름을 부르며 기도했다.
그런데 갑자기 눈물이 쏟아졌다.

나를 그토록 힘들게 한 아이들이었지만
내가 그들을 온전히 사랑하고 품지 못했던 것에
회개가 터져나왔다.

'주님, 제가 무엇이기에
아이들을 사랑하지 못했을까요.
제가 뭐라고 아이들의 변화되지 않음에 실망했을까요.
저 역시 하나님 앞에서 변하지 않는데…
그럼에도 나를 사랑해주시는데…
그 큰 사랑을 받고도 저는 왜 흘러보내지 못할까요.
주님, 잘못했습니다… 잘못했습니다….'

너무 부끄러웠다.
아이들의 변화와 상관없이
한 명 한 명을 있는 그대로 사랑하고
기도해야겠다고 다짐했다.

그러면서 깨달은 건

어린아이들을 사랑할 때는

'사랑답게 사랑해야 한다'는 거였다.

사랑답게 사랑하는 건

하나님께서 내게 베푸신 사랑에서 출발한다.

상대가 내 사랑에 어떻게 반응하든 상관없이

상처받거나 실망하지 않고

온전히, 변함없이 사랑하는 것이다.

그날 이후로 나는 아이들을

사랑답게 사랑하려고 애썼다.

힘들 때면 혼자 이겨내려 하지 않고

하나님께 사랑을 부어달라고 기도했다.

시간이 흘러 놀라운 일이 벌어졌다.

나를 너무나 힘들고 아프게 했던 말썽꾸러기들이

언제부턴가 하나님 말씀의 권위에 복종하여

변화하기 시작했다.

매주 선생님들을 괴롭히던 아이가
어느 날 선생님을 찾아와서 고백했다.

"그동안 말썽 피워서 죄송합니다….."

교회에 오면 친구들과 싸우는 게 일과였던
아이가 먼저 친구들에게 다가가
함께 즐겁게 놀았다.

하나님께서는 당신의 어린 양들을
내버려 두지 않으신다.
우리가 깨닫고 간절히 구할 때까지
기다리시고 그분의 때에 역사하신다.

우리는 우리의 속도대로 살아가며
하나님께서 일하시지 않는다고
불평하고 낙심할 때가 많다.
그러나 하나님의 타이밍을 기다리며 기도해야 한다.

그 놀라운 섭리를 한번 맛보면
더는 그분을 재촉하지 않게 된다.
그전에 내가 빠뜨린 게 무엇인지 점검하고
그분께 무릎으로 나아가게 된다.

하나님의 주권을 인정하는 진정한 겸손은
기다림과 신뢰에서 나온다.

나는 당신들이 잘되도록 기도할 것입니다.
내가 기도하는 일을 그친다면,
그것은 내가 하나님께 죄를 짓는 것입니다.
그런 일은 없을 것입니다.
오히려 나는, 당신들이 가장 선하고
가장 바른길로 가도록 가르치겠습니다.

사무엘상 12장 23절

청소년, 함께 웃고 함께 아파하기

이 책을 지금껏 덮지 않고 잘 읽어준 독자라면
내 청소년기에 대해 어느 정도 알 것이다.

나는 중학교에 다니지 않아서
학교에 다니는 청소년들과
조금은 다른 시간을 보냈다.
아버지도 목회를 쉬었다가 다시 개척하셔서
청소년 목양을 제대로 해본 경험이 없으셨다.

그래서 나는 청소년에게 어떤 말씀을 전해야 할지,
그 시기에 무엇이 가장 필요한지 감이 잡히질 않았다.

게다가 우리 교회는 청소년 수가 적어서
'청년학생부'로 묶어 함께 양육했다.
적게는 14세부터 많게는 32세까지
한 부서에서 같은 말씀을 들으니
어느 연령에 맞춰 설교해야 할지 고민이 되었다.

물론 모두를 아우르는 말씀을 준비하기 위해
최선을 다했지만 아쉬움은 늘 있었다.

매주 말씀을 나눠도 아무런 변화가 없는
청소년들의 삶이 계속 눈에 밟혔다.
사실 그들에게 이해되지 않는 점이 많았다.

나는 내가 그랬듯이,
청소년들이 신앙생활을 마다할 이유가
딱히 없다고 생각했다.
내게 신앙생활은 삶의 일부이기에
당연히 열심을 내야 하는 일이었다.

그래서 아이들이 내 맘 같지 않을 때면
답답하고 속이 상했다.
더욱 열심히 말씀을 전하고
잘못을 다그치기보다 타이르기도 했지만,
근본적인 해결책은 아닌 것 같았다.

그러던 중 내가 아끼고 사랑하는
한 제자의 이야기를 들을 기회가 있었다.
그 속사정을 들어보니 내가 모르는 고충이 많았다.

청소년들이 신앙생활을 성실히 하고
믿음을 굳건히 하는 게 생각보다 쉽지 않음을,
어쩌면 손해 보는 것처럼 느낀다는 걸 처음 알았다.

우선은 '학업'이 가장 큰 문제였다.
아이들은 주일마다 교회에 나와 예배를 드리고
봉사까지 하다 보니,
그렇지 않은 친구들과 비교할 때
시간이나 체력이 부족하다고 느꼈다.

공부할 시간도, 쉴 시간도,
친구들과 놀 시간도 줄어드니
교회에 다니는 건 시간을 빼앗기는 일이며
억지로 감당해야 하는 짐처럼 느꼈다.

또 다른 문제는 '사랑'이다.
청소년기는 많은 변화와 성장이 있는 예민한 때다.
누가 내게 특정한 잘못을 하지 않아도
혹은 내 마음에 조금만 들지 않아도
함께하기 싫고 미워하는 마음이 들기도 한다.

그런데 예수님은 이웃 사랑을 넘어
원수까지도 사랑하라고 말씀하신다.

이 가르침은 누구든 실천하기 어렵지만,
특히 청소년에게 '원수 사랑'은
더욱 불가능한 일로 느껴질 것이다.

다가가고 싶지 않은 사람과 함께하며
때로는 도와줘야 하고,
심지어 사랑해야 한다는 게
도저히 받아들여지지 않을 것이다.

청소년의 눈높이에서는
하나님을 믿음으로 인해 겪는 '피해'가
얻는 유익보다 클 수 있다.
매주 교회에서 듣는 말씀과 일상 사이에서
충돌하는 일도 많았을 것이다.

많은 청소년이 이런 어려움을 어디서도 말 못 하고
혼자 끙끙 앓고 있다는 걸
제자의 이야기를 통해 알게 되었다.

그들만의 어려움과 씨름을
헤아리지도 공감해주지도 못한 게 미안했다.

신앙적으로 옳고 그름을 따지기 전에
먼저 들어주고 위로를 건넸어야 했다.

그 제자는 깊은 곳에 있었던 이야기를
눈물로 털어놓았다.
나도 함께 아파하고 그를 위로했다.

또한 우리가 힘듦 속에서도
하나님의 말씀대로 살아야 하는 이유와
그 삶이 손해가 아닌 '축복'임을 전했다.
하나님의 은혜로 허락된 소중한 시간이었다.

청소년을 하나님의 말씀 위에
올바로 세우는 건 정말 쉽지 않다.
청소년이 많지 않은 우리 교회도
그들을 하나님의 자녀로 양육하는 게
여전히 풀어야 할 숙제다.

그러나 값진 깨달음이 있었다.

온전한 양육이란,

말씀을 연구하고 전하는 것을 넘어서

성도의 삶을 깊숙이 들여다봐야 한다는 거다.

그들의 내밀한 이야기를 듣고 공감해야 한다.

삶으로 들어가 함께 웃고 울며 아파할 때

그에게 진정으로 필요한 하나님의 말씀이

그 영혼에 가 닿는다는 걸 알게 되었다.

기뻐하는 사람들과 함께 기뻐하고,

우는 사람들과 함께 우십시오.

로마서 12장 15절

청년의 때를 맞아
'나'에 대한 고민이 많아졌다.

'나는 어떤 사람일까?'
'나는 어떤 사람이어야 할까?'
'나는 무엇을 해야 하는 사람일까?'

질문이 끊이지 않았다.

'청년은 어떤 때인가?'
'청년은 어떤 모습이어야 할까?'

청년이 되었다는 건,

어느 정도 어른의 모습을 갖춰감을 뜻한다.

물론 육체의 성숙과 신앙의 성숙이 꼭 비례하진 않지만,

자신의 신앙에 있어서도 책임을 느끼며

성숙을 추구해야 하는 때가 아닐까 싶다.

그러나 사람은 육체의 나이를 먹는 것과는 달리

머리와 마음으로는 나이를 잘 먹지 않는다.

육체의 나이는 가만히 있어도 알아서 들지만

머리와 마음의 성숙은 자연히 이루어지지 않는다.

우리의 신앙생활도 지나온 햇수와 상관없이

제자리걸음인 경우가 많다.

어쩌면 퇴보하는 경우가 더 많을지도 모른다.

그래서 어른으로 가는 마지막 관문인

청년의 때는 더더욱 중요하다.

이 시기에 신앙과 삶이 하나 되는 연습을
반드시 해야 한다고 생각한다.

사실 내 부족함을 잘 알기에
다른 이에게도 강조하는 거다.

많은 어른이 말한다.

"젊은이들의 예배가 점점 죽어가고 있다."

그러나 우리 교회를 비롯한 여러 예배 처소에
여전히 많은 크리스천 청년이 나아오고 있다.
그들은 주일에 교회에서 열심히 봉사하고
헌신하며 열정적으로 예배를 드린다.

다만 그들의 예배가 그 시간, 그 장소에서
그친다는 게 문제다.

우리 교회의 한 남자 청년의 이야기를 예로 들겠다.

그는 주일 아침부터 오후 늦게까지
다양한 자리에서 열심히 봉사하고 섬기며
예배하는 모습이 참 아름다운 청년이다.
나는 그의 헌신과 신앙이 멋져서
내심 기특하고 귀한 지체로 여겼다.

어느덧 한 해가 가고 송구영신예배를 드렸다.
나는 그가 막차 시간에 맞추어
일찍 나갈 거로 예상했는데,
예배가 끝나고 개인기도 시간까지
그는 홀로 남아 기도했다.
나는 그의 어깨에 손을 대고 기도해주었다.

마지막 기도회를 마치자
막차 시간이 간당간당해서
그 청년은 우리 집에 머물게 되었다.

우리는 한 해를 정리하며 이야기를 나누었다.

화제가 자연스레 신앙으로 넘어갔다.

나는 그가 그동안 신앙생활을 열심히 했기에

어려움이 없을 거로 생각했다.

그런데 그가 충격적인 말을 했다.

"요즘 들어 하나님의 살아계심이 잘 믿기지 않아요."

나는 몹시 당황했다.

하나님의 살아계심에 대한 믿음은

신앙생활에 있어서 가장 기본이기에

어떤 말부터 해줘야 할지 감이 오질 않았다.

우선 왜 그런 생각을 하게 됐는지 물었다.

그는 세상에서 벌어지는 악한 일들과

자신에게 일어나는 안 좋은 일들을 겪으며

이런 생각이 들었다고 했다.

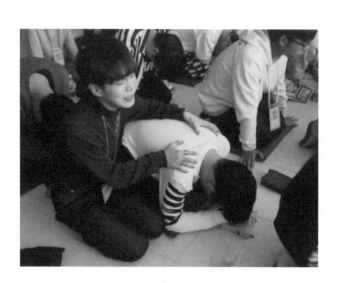

'하나님께서 살아계시는데 왜 이런 일이 일어날까?'
'성경 속 하나님이 내게도 의미 있는 존재인가?'

매주 교회에서 하나님의 말씀을 들으며
고개를 끄덕였지만
자기 삶에 적용하지 못했던 것이다.

그날 밤, 하나님께서 우리와 함께해주셨다.
나는 하나님이 부어주시는 지혜와 능력으로
그에게 다시 한번 복음을 전했다.

우리는 밤새 이야기를 나누었다.
감사하게도 그날이
그의 신앙 회복의 전환점이 되었다.

청년, 삶으로 살아내는 예배

나는 그 청년과 대화하며
청년들이 신앙생활을 하는 모습과
삶에서의 모습이 다를 수도 있음을
확실히 알았다.

나도 그랬다.
목사님이 되겠다는 마음은
한 번도 흔들린 적이 없었다.
꼭 하나님의 일을 하는 사람이 되고 싶었다.
하지만 삶의 모습은 그 꿈이 무색할 정도로
엉망일 때가 많았다.

대학교 2학년 채플 시간이었다.
동기들이 뜨겁게 예배드리는 모습을 보니
내 신앙이 너무나 초라해 보였다.
예배에 대한 열정도 그들보다 작은 것 같고,
신앙을 삶으로 살아내는 실력도
훨씬 부족하게 느껴졌다.

내 모습은 내가 제일 잘 알았다.
내 안에 선한 게 조금도 없다는 걸.

매일 밥 먹듯이 하나님 앞에 넘어지는
연약한 죄인일 뿐이었다.
탁월한 동기들을 보고 나를 보니
나 같은 사람이 사역자가 되려는 게
옳지 않다는 생각이 들었다.

그로부터 한 달간 긴 방황을 했다.
그러나 하나님께서는 포기하지 않으셨다.

내가 다시 깨달을 때까지
예배 때마다 큰 은혜를 부어주셨다.

한번은 금요 철야예배 기도 시간에
찬송을 틀어야 했는데,
잘못 눌러서 다른 찬양이 나왔다.
익숙한 멜로디가 흘러나오는데
유독 가사가 내 마음에 꽂혔다.

보소서 주님 나의 마음을 선한 것 하나 없습니다
그러나 내 모든 것 주께 드립니다
사랑으로 안으시고 날 새롭게 하소서

주님 마음 내게 주소서 내 아버지
주님 마음 내게 주소서
나를 향하신 주님의 뜻이 이루어지도록
주님 마음 내게 주소서

〈주님 마음 내게 주소서〉, 외국곡, 마커스 역

하나님께서는 내 실수까지도 사용하여
말씀해주셨다.

'사람에게는 본래 선한 것이 나올 수 없단다.
그러니 내게 의지하며 내 사랑을 구하렴.'

동시에 내 안의 교만을 조명하셨다.
나는 내가 부족하기에 쓰임 받을 수 없다고
여기는 게 겸손인 줄 알았다.
하지만 하나님께서 쓰시겠다고 하는데
감히 내 판단으로 못 한다고 하는 건
처음 부르심을 거부했던 모세와 같은 교만이었다.

이처럼 믿음이 있는 것과
그 믿음을 삶으로 살아내는 실력이 차이 나는 건
청년 세대에게 너무도 흔하다.
사역자인 나조차 마찬가지다.

그렇다면 하나님께서 허락하신 청년의 때를
우리는 어떻게 살아야 할까?

먼저 하나님을 온전히 믿어야 한다.
또 그 믿음으로 살아내기 위해 발버둥 쳐야 한다.
사실 이것밖엔 방법이 없다.

물론 이 패역한 세상에서
믿음으로 산다는 건 매우 어렵다.
세상이 우리를 내버려 두지 않을뿐더러
내 안에 차오르는 정욕과 죄악을
이겨내기도 쉽지 않다.

그러나 가능한 방법이 있다.
내 삶과 생명의 주권이
하나님께 있음을 고백하면 된다.

내 전부를 그분의 발아래 내어드릴 때
자아가 죽고 죄를 이길 수 있다.

교회에서만이 아니라 삶의 모든 영역에서
하나님의 주권을 인정하는 것.
교회에서만 내가 죽는 게 아니라
삶의 모든 순간 내가 죽는 것.
그러면 신앙과 삶의 간극을 메울 수 있다.

하나님은 교회에 갇혀계신 분이 아니다.
우리 삶 속에서 더욱 활발히 일하시며
우리와 매 순간 함께하실
만반의 준비를 하고 계신다.
(사실 우리도 교회에서보다 일상의 현장에서
주님께 SOS를 보낼 때가 더 많지 않은가!)

그러니 주일예배 시간에만 그분을 찾지 말고
호흡하듯이 주님을 만나자.

삶에 커다란 어려움이 찾아와도
이해하기 힘든 문제가 펼쳐져도
그분은 그 가운데에서 여전히 나와 함께하신다.

하나님은 그저 살아만 계시는 분이 아니라
우리를 사랑하셔서 누구보다 깊이 공감하시고
우리 삶에 적극적으로 개입하신다.

이처럼 그분의 살아계심과 도우심을 의지할 때
우리는 눈앞의 상황에 넘어지지 않을 수 있다.
믿음의 눈으로 문제를 바라보며 뛰어넘을 수 있다.

인생의 중요한 것들이 결정되는 청년의 때,

크리스천으로서 무엇을 구하고

바라보고 좇으며 나아갈지

끊임없이 성찰하고 기도하게 된다.

젊을 때에 너는 너의 창조주를 기억하여라.

전도서 12장 1절

젊은이가 어떻게 해야

그 인생을 깨끗하게 살 수 있겠습니까?

주님의 말씀을 지키는 길, 그 길뿐입니다.

시편 119편 9절

내 삶을 하나님 앞에
내 시간을 하나님 앞에
모든 순간을 하나님 앞에
기꺼이 드립니다

더 치열하게
더 정직하게
더 온전하게
당신 앞에 서길 원합니다

말로만 주를 증거하는 게 아니라
삶으로 주를 사랑하게 하소서

제가 주님 앞에 서길 원하니
나를 도우소서

3

하나님의
인플루언서

인스타그램을 시작한 지 삼 년 차,
내 계정은 팔로워 10만 명(2021년 현재 57만 명)을 달성했다.

10만 명이나 되는 사람들이 나를 '팔로우' 하고
좋아해 주는 게 고맙고 기쁘기도 했지만
'10만'이라는 숫자에 의구심이 들었다.

내가 나를 객관적으로 바라볼 때
이렇게 많은 사랑을 받을 만한 사람이
아니라는 생각이 들었기 때문이다.
여러 고민이 내 안을 휘젓고 다녔다.

'왜 내게 이런 영향력이 생긴 걸까?'

'이것이 과연 내게 어울릴까?'

그 와중에도 메시지 알람이 계속 울렸다.

앞서 이야기한 것처럼

인스타그램을 처음 시작했을 때부터

많은 분이 신앙적인 메시지를 보내왔다.

그동안은 큰 의미를 부여하지 않고

마냥 신기해하며 성의껏 답장하곤 했다.

하지만 메시지가 점점 쌓이자 한 가지 의문이 들었다.

'왜 이런 일이 벌어지는 거지?'

일반적으로 신앙적인 나눔이나 회개, 결단 등은

교회 안팎에서 얼굴과 얼굴을 마주 보는

교제 가운데 이뤄진다.

그런데 SNS를 통해서도 신앙적 교제가
이뤄진다는 게 좀 어색했다.
그때 문득 이런 생각이 들었다.

'아, 하나님께서 SNS를 통해
이 세대를 깨우길 원하시는구나.'

고민이 조금씩 풀렸다.
내게 이런 영향력이 생긴 것도
하나님의 뜻인 것 같았다.

하나님께서는 이 세대에게 가장 큰 영향을 주며
그들이 가장 손쉽게 접할 수 있는 SNS를 통해
당신을 나타내길 원하셨다.

나는 그 뜻을 이루기 위해
쓰임 받는 도구에 불과했다.
내가 잘나거나 훌륭해서가 아니었다.

목사의 꿈을 품고 사역자로 성장한 것과
사람들의 관심을 부담이 아닌 기쁨으로 받는 기질,
자격 없는 내가 SNS에서 큰 영향력을 갖게 된 것이
모두 우연이 아니었다.

하나님께서 나를 SNS를 통해
이 세대에게 그분의 사랑과 복음을 전하는
'SNS 사역자'로 부르셨다는 확신이 들었다.
그때부터 인스타그램과 페이스북을
또 다른 사역지로 생각하고
하나님의 말씀과 간증을 나누고,
신앙생활 하는 모습도 올렸다.

지금 청소년에게 SNS는 제2의 삶터가 되었다.
이들이 일상에서 신앙을 잘 드러내지 못하듯
SNS상에도 자신이 크리스천임을
쉽게 드러내지 못했다.

그러나 내게 복음은 숨기고 싶은 게 아니라
자랑하고 싶은 보물이기에
나는 크리스천의 정체성을 당당히 밝히며
내가 만난 하나님과 날 살린 복음의 능력을 증거했다.

그러자 놀랍게도 SNS상에
기독교 문화가 조금씩 싹트기 시작했다.

많은 청소년이 SNS에
자기 신앙을 밝히고 하나님을 드러냈다.
성경 말씀을 올리거나 은혜를 나누는 이들이 점점 늘었다.
하나님은 나를 비롯한 그분의 도구들을 통해
뜻을 이루어가셨다.

SNS 사역은 이 시대에 꼭 필요한 사역이다.
물론 이 공간은 양면성이 있다.

그 안에 악하고 해로운 콘텐츠가

넘쳐나는 것도 사실이다.

그렇다고 무작정 배척해서는 안 된다.

길 잃은 청소년들이 가장 많이 모여드는 공간이기 때문이다.

또한 많은 크리스천 청소년이

교회의 사역자나 지인에게는 말 못 할

신앙적인 고민과 어려움을 혼자 끌어안고

SNS에서 답을 찾으려 한다.

그들이 SNS상에 떠도는

부적절한 글이나 자극적인 콘텐츠를 접하면

안 좋은 영향을 받고 잘못된 결론을 내릴 위험이 크다.

다음세대를 세우는 일이 시급한 지금,

청소년의 주 무대이자 소통의 장인 SNS 공간을

새로운 사역지로 개척할 필요가 절실하다.

그들의 문화 속으로

그동안 나를 소개할 때면
'다음세대 사역자'라고 이야기해왔다.

학교에서는 '파이디온'이라는
어린이 선교 단체 동아리에서
다음세대 사역을 관심 있게 배워갔다.
SNS를 통해서도 다음세대와 소통할 기회가 많아
주로 그들을 대상으로 사역했다.

그러다 보니 자연스럽게
그들이 하나님의 말씀 위에 굳게 서도록
헌신해야겠다고 생각했다.

그런데 스스로 다음세대 사역자라고 소개하는 게
너무나 부끄러운 사건이 있었다.

2018년 초, 교회 아이들과
연합 수련회에 참가했을 때였다.
여러 교회에서 온 아이들이 어색함과 설렘을 갖고
개회 예배를 드리려고 앉아있었다.

그때 한 목사님이
나는 알아듣지 못하는 인사말을 하며 등장했다.
그런데 아이들이 그 말을 듣자
순식간에 긴장과 경계를 풀고 자지러지게 웃었다.

'이게 무슨 상황이지?'

알고 보니 그 말은
한 유명 유튜버의 유행어이자 인사말이었다.

그 목사님은 청소년이 즐기는 문화, 게임, 언어를
죄다 파악하여 함께 즐기며 교감했다.
그 분의 설교를 들으며 나는 감탄했다.

'아이들에게 다가가기 위해서
정말 노력을 많이 하셨구나.
아이들이 뭘 좋아하는지 다 파악하고 계시네.'

순간, 나를 돌아보았다.
단순히 SNS에서 영향력이 있을 뿐
청소년문화는 아는 게 거의 없었다.

게임은 고등학교 때 접은 후로 문외한이었고
아이들 사이에서 인기 있는
롤, 오버워치, 배틀그라운드도 할 줄 몰랐다.

지금은 유튜버가 되었지만
당시엔 유튜브가 뭔지도 몰랐다.
유튜브가 이미 자리 잡은 시절이었는데
한 번도 본 적이 없었다.

다음세대 사역에 대한 마음만 컸지
정작 그들이 어떤 세상과 문화에서
살아가는지 전혀 몰랐다.

이 일을 계기로 청소년에게 복음을 심기 위해
무얼 연구하고 노력해야 할지 큰 도전을 받았다.
그때부터 나는 그들이 즐겨 하며
많은 영향을 받는 문화를 공부하기 시작했다.

청소년문화를 함께 즐기기 위해 여러 시도를 했다.
접은 지 오래된 게임을 다시 시작하고,
청소년들이 열광하는 유튜브 채널을
구독하고 시청했다.

청소년들이 많은 시간을 할애하며
즐길 만한 이유가 있었다.

게임에 재능이 전혀 없는 나조차도
흥미를 느낄 정도로 재미있는 게임과
시간 가는 줄 모를 만큼
매력적인 유튜브 콘텐츠가 넘쳐났다.

청소년문화를 즐기다 보니

교회의 중고등학생 아이들과 대화가 훨씬 풍성해졌다.

사역자가 사역 대상이 즐기는 문화를

경험하는 것도 유익하다는 생각이 들었다.

(물론 모든 걸 다 경험할 필요는 없다.

그들의 주요 관심사가 되는 문화를 말한다.)

그런데 아무리 유튜브를 뒤져봐도

인기 채널 중에 우리 아이들이

긍정적인 영향을 받을 만한 영상이 드물었다.

매일같이 올라오는 실시간 인기 영상은

비속어와 자극적인 내용이 넘쳐났다.

나는 그 영상들을 학습하며 고민했다.

'어떻게 하면 이 시대의 주류 문화가 된

유튜브를 통해 다음세대가 선한 영향력을

받게 할 수 있을까?'

문득 이런 생각이 들었다.

'내가 만들어볼까…?'

영상과 관련한 일은 해본 적이 없어서
굉장한 모험이고 도전이었다.
하지만 그동안 인스타그램을 해온 것처럼
유튜브도 시작하면 될 것 같았다.

제일 중요한 건
유튜브 채널의 방향성이었다.

수많은 유튜브 영상을 섭렵하며 느낀 건,
세상 문화는 사람들의 재미와 흥미를 끌기에
충분히 매력적이라는 거였다.
이에 비해 기독 문화는 매력이 현저히 떨어졌다.
(다음세대의 흥미를 끌기에 부족하다는 의미이지
내용의 함량이 부족하다는 건 아니다.)

'왜 기독교적 요소가 담긴 유튜브 채널들은
청소년의 관심을 끌지 못할까?'

'교회에 다녀본 적이 없는 이들에게
매력적으로 다가가려면 어떻게 해야 할까?'

'기독 채널이 청소년과 비신자에게
소비되려면 어떤 방향으로 만들어야 할까?'

'기독 문화가 세상을 선도할 수 있을까?'

여러 고민을 거듭하며 채널의 방향성을 잡아갔다.
신학 토대 콘텐츠는 진입 장벽이 높아서
청소년과 비신자의 관심을 끌지 못할 것 같았다.
(더구나 나는 신학 지식이 해박하지도 않고
말을 잘하는 편도 아니다.)

그래서 생각한 것이
'크리스천 청년의 일상'이었다.

예수 믿는 한 청년이 살아가는 모습을
자연스럽게 영상으로 담는 거였다.
대단한 영상은 아니지만,
분명히 하나님께서 유튜브를 통해서도
역사해주실 거라는 확신이 들었다.

반년가량 준비한 끝에
2019년 2월 말,
유튜브 채널 '헌이의 일상'을 개설했다.

떨림과 설렘 속에서
첫 유튜브 영상을 촬영했다.

밤을 새워 편집을 배우고 갖은 노력을
기울인 끝에 첫 영상을 올렸다.
엄청난 조회 수는 아니었지만,
구독자들과 소소하게 소통할 수 있었다.

사실 이 영상을 올리기 두 달 전에
Casting Crown의 〈Who Am I〉라는 곡으로
찬양 영상을 하나 올렸다.

이 영상으로 채널의 정체성과
내가 누구인지를 분명히 하고 싶었다.

그렇게 시작하여
채널 소개, Q&A, 예배·찬양·간증,
주일 브이로그, 먹방, 뷰티, 데이트 등
다양한 콘텐츠의 영상을 올렸다.

조금씩 늘어나는 구독자 수를 보며
특별할 것 없는 크리스천의 일상을
많은 이가 봐주는 게 신기하고 감사했다.

그런데 유튜브 활동을 이어가던 중에
구독자 수가 급증하는 일이 일어났다.
'전도사의 하루'라는 주일 브이로그 영상이
올린 지 세 달 만에 100만 조회 수를 기록했다.
(2021년 현재 145만 회.)
정말 놀라웠다.

 헌이의 일상 Jinun
구독자 12.7만명

 [VLOG] 전도사의 하루/ 주일 브이로그/ 교회 브이로그
조회수 1,458,347회 · 2년 전

이 영상을 올린 이후로
내 인생의 많은 부분이 달라졌다.

휴대폰 알림과 메시지가 빗발치기 시작하더니
페이스북, 트위터, 인스타그램 등
각종 SNS에 '전도사 최진헌'이라는 제목의
내 영상과 사진이 무수히 올라왔다.

'인사이트'라는 유명 인터넷 신문 사이트에도
나를 소개하는 글이 실렸다.
내 입으로 말하긴 부끄럽지만
'아이돌처럼 잘생긴 전도사'로
세상의 이목을 끌었다.

사실 기분이 좋았다.

단순히 인기를 끌어서가 아니었다.

'전도사 최진헌'이라는 게시글이 퍼져나가면서

많은 불신자와 청소년들이 교회에 대해

좋은 이야기를 해주었기 때문이다.

나는 유튜브 사역의 본래 목적이 실현되는 것 같아

굉장히 뿌듯하고 기뻤다.

언제부턴가 교회와 관련한

안 좋은 이슈가 연달아 터지면서

기독교가 더는 소망의 종교가 아닌

이기적인 집단, 질타의 대상으로 전락했다.

이런 시대에 내 유튜브 사역이
교회 이미지 쇄신에
작은 보탬이 될 것 같아 기뻤다.

교회와 기독교를 새롭게 바라보는
댓글이 달릴 때마다 사역의 열매가
하나씩 맺히는 것 같아 하나님께 감사했다.

내 유튜브가 세상과 교회 사이
벌어진 간극을 메우는 다리 역할을 하기를
간절히 기도했다.

예기치 못한 많은 관심과 사랑을 받아
채널 구독자가 보름 만에 4만 명 넘게 늘어났다.
말 그대로 '급성장'이었다.

그동안은 소수의 구독자와 소통했는데
하루아침에 수많은 사람이 내 채널에 몰려와
영상을 보고 댓글을 달기 시작했다.

갑작스러웠지만 감사했다.
더 많은 이에게 예수 믿는 청년의 삶을 보이고
궁극적으로 하나님을 전하는 게
유튜브 사역의 목표였기 때문이다.

그런데 나를 향한 사람들의 관심이 날로 커지자
기쁨과 행복이 두려움과 부담으로 서서히 기울었다.

점점 늘어가는 SNS 너머 불특정 다수에게
내 삶을 보이는 게 두려워졌다.
그냥 '최진헌'이 아닌 '전도사 최진헌',
종교인이자 사역자로 알려지니
부담이 눈덩이처럼 커져갔다.

어릴 때부터 관심받기 좋아해서
인기가 생기는 건 반가운 일이지만
언제 변할지 모르는 사람들의 시선이 두려웠다.

'비록 지금은 내 모습이 좋아할 만해서
기독교를 지지하고 좋은 말을 해주지만,
언젠가 내 부족한 모습을 보아도
똑같은 시선으로 바라봐 줄까?'

혹여 내 잘못으로 나와 기독교에 대한
시선이 서늘해질까 봐 두려웠다.

유명한 사람일수록 실수하고 넘어지면
더 큰 비판을 받는다.
심지어 죽음에 이르게 하는
극심한 비난이 날아들기도 한다.
잘못은 응당 심판받아야 한다는
사회적 분위기가 만연한 요즘,
내게는 이 모든 게 부담과 두려움으로 다가왔다.

나도 또래들처럼 철없을 때도 있고
잘못을 저지르기도 한다.
또 지금껏 살아오면서 나도 모르게
누군가에게 상처를 준 일도 있었을 거다.

앞으로 살면서 내 행동 하나하나를
신경 써야 한다는 부담이 몰려왔다.

'이제 나의 넘어짐은

단순한 넘어짐이 아닐 거야.

전도사 최진헌으로 알려진 만큼

내 잘못으로 교회가 욕을 먹고

하나님의 영광을 가리게 될지도 몰라.'

때마침 중간고사 기간이 겹쳐서

밤새는 일이 잦았다.

시험에 대한 압박과 함께

과거에 지었던 잘못들이 떠오르자

죄책감이 나를 옥죄었다.

누군가에 의해 내 수치가

세상에 드러날지도 모른다는 불안,

그것이 하나님의 영광을 가릴 수 있다는 두려움,

앞으로 삶에서 짊어질 무거운 책임감.

스스로 점점 작아졌다.

아무것도 손에 잡히지 않았다.

사실 수많은 댓글 가운데
좋은 것만 있었던 건 아니었다.
전도사가 신학적이고 신앙적인 영상을 올려야지
왜 개인적인 일상을 올리느냐고
책망하는 이들이 많았다.

또한 본인의 신학적인 입장과 맞지 않는 모습을
지적하는 시비도 적지 않았다.

종종 다른 기독 유튜버들과 비교하며
'이렇게 하지 말고 저렇게 해야 한다',
'저렇게 하는 게 하나님만 드러내는 거다',
'하나님의 영광을 가리고 있다' 등
비난 섞인 댓글들도 달렸다.

처음 유튜브 채널을 시작할 때
오랜 기간 기도하며 준비했기에
채널의 방향성에는 자신이 있었다.

하지만 비난의 목소리가 계속 들리자
고민이 깊어졌다.

'내가 정말 하나님의 영광을 가로막고 있는 걸까?'
'이 채널을 기독교 콘텐츠로만 채워야 할까?'

고민과 씨름하다 잠 못 이루는 날이 이어졌다.
나는 기도하고 또 기도하며 하루하루 버텼다.

'주님, 제가 어떻게 해야 하나요?
무엇이 주님의 뜻인가요? 제발 알려주세요.'

d.of.j.c

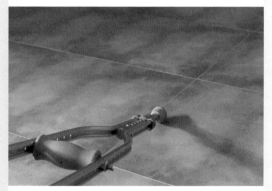

d.of.j.c 2020년 4월 말, 전에 다친 다리가 안 좋아져
재수술을 하게 되면서 내 삶의 영역이 줄어들었다.
활동 영역도, 할 수 있는 일도 줄어서 많이 무기력했다.

2020년 6월 초, 내 다리는 여전히 보조기에 의존해있다.
무력함도 그대로. 달라지지 않은 상황 탓일까?
아니다. 달라지지 않은 내 어리석은 생각 때문이다.

처한 상황이 어렵다고 해서 존재 이유가 달라지진 않는다.
능력이 부족하다고 해서 삶의 목적이 바뀌지도 않는다.
내 존재 이유와 목적은 상황이나 능력에 달려있지 않다.

부족하고, 연약하고, 능력이 없어도 핑계 대지 말고
할 수 있는 걸 하면 된다. 할 수 있는 최선의 것을 하자.
노력하고 부딪히면 하나님이 써주신다. 반드시 도와주신다.

#넘어져도 #다시일어나 #주님붙들고

밀려오는 비난과 언제 닥칠지 모르는
두려운 상황이 나를 숨 막히게 했다.

안 좋은 생각이 꼬리에 꼬리를 물고
가장 완벽한 최악의 상황으로 나를 몰고 갔다.
그 시나리오 속에서 나는 모두에게 버림받고
철저히 혼자가 되어 있었다.

내가 할 수 있는 건
하나님께 간절히 매달리는 것뿐이었다.
눈뜰 때부터 겨우 눈을 감을 때까지
하나님만 붙들었다.

말씀을 읽고 쉬지 않고 기도했다.

기도는 처절한 회개로 이어졌다.

애통한 마음으로 떠오르는 잘못과 죄를 아뢰었다.

그리고 낮의 해와 밤의 달도

나를 해치지 못한다고 약속하신 말씀을 붙들며

여호와 하나님께 내 영혼을 지켜달라고 간구했다.

하나님, 주님의 한결같은 사랑으로

내게 자비를 베풀어주십시오.

주님의 크신 긍휼을 베푸시어

내 반역죄를 없애주십시오.

내 죄악을 말끔히 씻어주시고,

내 죄를 깨끗이 없애주십시오.

나의 반역을 내가 잘 알고 있으며,

내가 지은 죄가 언제나 나를 고발합니다.

시편 51편 1-3절

주님은 너를 지키시는 분,

주님은 네 오른쪽에 서서,

너를 보호하는 그늘이 되어주시니,

낮의 햇빛도 너를 해치지 못하며,

밤의 달빛도 너를 해치지 못할 것이다.

주님께서 너를 모든 재난에서 지켜주시며,

네 생명을 지켜주실 것이다.

주님께서는, 네가 나갈 때나 들어올 때나,

이제부터 영원까지 지켜주실 것이다.

시편 121편 5-8절

기도하는 가운데 하나님께서는
당신이 어떤 분인지 말씀하셨다.

그분은 온 세상을 창조하고 다스리시며
모든 걸 당신의 선하신 뜻대로 이뤄가시는
분이라고 하셨다.
이 불변의 진리가 내 어두운 마음에
강력한 빛으로 비추었다.

'하나님은 선하시니 결코 나를 힘들게 하지
않으실 거야' 하는 정도의 위로가 아니었다.
비록 내가 두려워하는 상황이 올지라도,
내가 바닥까지 처박히게 될지라도 괜찮았다.

하나님은 여전히 살아계시며
모든 건 그분의 뜻 안에서 이뤄질 걸 알기에
그분이 허락하셨다면 의로운 일일 것이다.

슬프고 힘들지 모른다.
그러나 내가 하나님을 놓지 않고
그분께 순종하면 언젠가는 나를 다시
선하신 계획 가운데로 이끄실 거라는 믿음이 생겼다.
더는 실패에 대한 염려가 나를 가로막지 못했다.
마침내 두려움에서 풀려났다.

주님께만, 오직 주님께만, 나는 죄를 지었습니다.
주님의 눈앞에서, 내가 악한 짓을 저질렀으니,
주님의 판결은 옳으시며 주님의 심판은 정당합니다.

시편 51편 4절

소망을 되찾자 믿음 안에서 고민했다.
내가 유튜브를 통해 많은 사람에게
알려진 것도, 큰 영향력이 생긴 것도
다 하나님의 뜻이었다.

그렇다면 맡기신 분의 뜻대로
성실히 행하는 게 일꾼의 자세였다.

우선 유튜브 채널의 방향성을 놓고 기도했다.
동역자들의 조언도 받았다.
그 결과 현재의 방향성으로 밀고 나가는 게
옳다는 결론이 내려졌다.

기독 콘텐츠를 다루는 채널도 필요하고
크리스천의 일상을 보여주는 채널도 있어야 한다.
점점 교회와 세상이 이분화되는 시대에
내 채널은 그 벽을 허무는 역할을 한다고 느꼈다.

이런 뜻을 정한 뒤에
'채널의 방향성'을 소개하는 영상을 촬영했다.
채널을 안 좋게 보는 이들에게도
내 생각과 의도를 전할 필요가 있었다.

왜 이 채널을 만들었는지,
어떤 의도로 영상을 제작하는지,
앞으로 어떤 방향성으로 운영할지를 말했다.

다행히 많은 사람이 동의하고 응원해주었다.
그 후로 지금까지 크리스천의 다채로운 일상을
담아 올리고 있다.

이 영상들을 통해
세상 사람들과 다음세대가 크리스천의 삶을
보다 친근하고 매력적으로 느끼길 소망하면서.

내 역량이 닿는 데까지
유튜브 채널에 관한 오해의 벽을
허물고자 많이 노력했다.
하지만 여전히 허물어지지 않은 벽도 많다.

그중 가장 큰 오해는 '수익'이다.
아마도 유튜버의 수입에 대해
미디어에 떠도는 말들 때문일 것이다.

혹자는 내 채널의 구독자가 10만 명이 넘으니
수백만 원은 거저 벌지 않냐고 한다.
그러나 유튜브 수익은 구독자 수가 아니라
영상의 조회 수에 따라 지급된다.

그래서 영상을 자주 올리지 않거나
조회 수가 아주 높지 않으면
수익이 많이 나지 않는다.

나는 한 달에 영상을 4개 정도 올리는 데다
이를 상쇄할 만큼 조회 수가 높지도 않아서
유튜브 수익은 미미한 수준이다.

채널이 자리 잡히면서부터는
영상 편집자에게 편집 비용을 지급하고 있어
사실 매달 적자를 기록하고 있다.

내가 유튜브로 많은 돈을 번다는 생각은
편견에 불과하며 나와 상관없는 이야기다.
오히려 다른 일을 하며 수익을 내어
사역에 쏟아붓고 있다.

또 다른 오해는 내가 악플 때문에
고생하지 않을 것 같다는 거다.

'헌이의 일상'은 특정한 정치적 성향이나
종교색이 강하지 않아서
딱히 악플이 달릴 일이 없다고 말이다.
혹 달리더라도 넌크리스천이 대부분일 거로 생각한다.

그러나 유튜브를 시작하고
나를 가장 힘들게 한 게 악플이었다.
그리고 그 글을 쓴 사람들은
대부분 나와 같은 크리스천이었다.

영상에 셀 수 없이 많은 악플이 달렸다.
그 이유와 목적도 다양했다.

"예수님을 돈벌이에 이용한다."
"전도사가 세상적인 유튜브를 왜 하냐?"
"말씀 묵상이나 올릴 것이지, 왜 일상을 보여주냐?"
"하나님을 사랑한다면 이런 짓 좀 그만둬라."
"하나님보다 세상을 사랑하는 게 뻔히 보인다."

"전도사를 그만두는 게 좋을 것 같다."
"다음세대를 현혹하는 거짓 선지자다."
"훌륭한 목사님들은 젊을 때 이러지 않았다."

처음에는 괜찮았다.

'모두 사실이 아니니까,
나를 잘 몰라서 하는 얘기니까,
모두가 나를 응원해줄 순 없으니까,
내 진심을 하나님만 아시면 되니까….'

스스로 이렇게 위안했다.
또 귀담아들을 비판은 새겨듣고
나를 아프게 하려는 고의적이고 무분별한 비난은
무시하려고 애썼다.

그래서 괜찮았다.
아니, 괜찮은 줄 알았다.

그런데 악플의 강도가 세질수록
내 마음이 다치는 게 느껴졌다.
하루는 눈물이 마구 쏟아졌다.

'나는 정말 하나님을 사랑하는데,
나를 살리신 그 사랑을 전하려는 것뿐인데,
힘들어도 꾹 참고 최선을 다했는데…
왜 이렇게 바라보는 걸까.'

수없이 쏟아진 악플의 화살은
날카로운 칼이 되어 여기저기를 찔렀다.
반나절, 하루, 일주일이 지나도
머릿속을 떠나지 않고 나를 괴롭혔다.

눈물을 흘리며 하나님께 기어갔다.
도저히 못 하겠다는 말이 목구멍까지 차올랐다.
그런데 입술에서는 뜻밖의 고백이 터져 나왔다.

"하나님 사랑해요. 정말 많이 사랑해요.
이 세상 그 무엇보다 하나님을 사랑해요.
하나님보다 중요한 건 없어요.
하나님은 제 맘 아시죠…?"

하루에도 수백 번 고백했다.
사람들이 내가 하나님을 사랑하지 않고,
세상을 사랑하는 것 같다고 말하니
마음이 너무나 상했다.
그래서 계속 고백했다.

"하나님 사랑해요. 제가 하나님을 정말 사랑해요."

그때 한 가지 사실을 깨달았다.
나는 하나님을 사랑해서 바쁘게 살았지만,
정작 그분께 사랑한다고 고백한 적이 거의 없다는 걸.

하나님을 사랑해서 열심히 뛰어다니고,
열심히 촬영하고, 전도하고, 기도했지만,
그분께 사랑을 마음껏 표현하지는 못했다.

'어쩌면 하나님께서 내 고백을
듣고 싶으셨던 게 아닐까?'

내가 하나님께 사랑을 계속 고백하자
내 마음은 하나님으로 가득 찼다.
그분을 향한 사랑이 더 크고 뜨거워졌다.
그 사랑이 나를 완전히 감싸 안았다.

그러자 쏟아지는 비난의 화살이 아무렇지 않았다.
그 사랑 앞에서 날아오는 화살이 다 튕겨 나갔다.
내 상처 난 마음이 조금씩 치유되었다.

여전히 매달 적자이고
끝없는 악플에 지치기도 하지만
이 사역을 지속하는 이유는 한 가지다.

내가 받은 그 사랑을 전하기 위해.
이 세대와 다음세대에게 그 놀라운 사랑을 전하는 게
내게 맡겨진 사명이기 때문이다.

나 한 사람의 영향력은 미미하다.
그러나 내가 디디는 작은 걸음이
다른 주저하는 걸음들을 재촉할 수 있다고 믿는다.

하나님은 별 볼 일 없는 내 삶을 통해서도
누군가를 위로하시고 그분께 돌아오게 하신다.
나는 내가 아닌 하나님을 바라보며
그분의 보폭에 맞춰 한 걸음 한 걸음 나아갈 뿐이다.

유튜브 채널을 시작하고서

내 인생에 많은 변화가 찾아왔다.

SNS 인플루언서로 활동할 때도

평범한 신학생과는 조금 다른 삶을 살았지만,

완전히 새로운 국면으로 들어선 듯하다.

그 가운데 가장 놀랍고 감사한 일은

내 이야기를 나눠달라는

오프라인 모임에 초청을 받은 거였다.

아직 어리고 경험도 부족한 나를

믿고 불러준 것도 고맙지만,

내가 만난 하나님과 사역 이야기를

전할 수 있어서 더없이 기뻤다.

모교회에서 설교한 경험이 전부인 내가
기독교TV, 라디오, 학교, 교회 등
다양한 곳에서 부름을 받았다.

하지만 스스로 부족하다는 걸
하나님 다음으로 제일 잘 알기에
그런 자리에 설 때마다 떨리고 두려웠다.

불특정 다수에게 내 이야기를 전하는 게
큰 부담이었지만 강의를 준비하며 은혜가 임했다.
평생 한순간도 빠짐없이 나를 지키시고 인도하신
하나님이 보였기 때문이다.

때로는 잔잔하고, 때로는 강력하게
그분의 손길이 내 삶을 보호하고 계셨다.
그 은혜를 묵상하며
언제나 나를 사랑하시고
나와 함께하신 하나님을 기쁘게 전했다.

선하신 하나님을 입술로 증거하는 일은
삶에서 복음을 드러내는 것과
또 다른 기쁨이 있었다.

나는 하나님의 살아계심을 전하며
그분을 더 깊고 풍성히 알아갔다.

이 년이 넘는 시간 동안 많은 사람을 만났다.
그중 학생들이 예배하는 자리에서
하나님을 나눌 때,
내가 들인 수고나 거리와 상관없이
가장 큰 기쁨을 누리고 돌아왔다.

그동안 SNS를 통해
많은 사람과 이야기를 나누었지만
온라인상이어서인지 잘 와닿지 않았다.
그런데 아이들을 직접 만나 이야기를 듣자
그들 삶에 역사하신 하나님이 느껴졌다.

기억에 남는 곳 중 하나는
나도움 목사님이 이끄는 스탠드그라운드의
'고삼세끼'라는 사역이었다.

고삼세끼는 말 그대로
수능을 마친 고3 학생을 대상으로
제주도에서 2박 3일간 삼시세끼 먹이고
격려하는 프로그램이었다.
나는 마지막 날 밤 토크콘서트에
기독 유튜버인 Kei 님과 함께 참석했다.

한 코너의 게스트로 참가했을 뿐인데
그곳에서 만난 아이들에게 유독 마음이 쓰였다.
그래서 토크콘서트가 끝난 후에
숙소에 들어가 쉬어도 됐지만
아이들과 더 시간을 보내기로 했다.

초롱초롱한 눈빛으로 이야기를 듣던
아이들에게 내가 경험한 하나님을 말해주고 싶었다.

내게 주어진 고난이 버겁고
앞길이 보이지 않아 막막하고
눈앞의 현실이 두려워 괴로울 때,
유일한 피난처 되어 날 지켜주시고
한 줄기 소망의 빛을 비춰주시고
어떤 상황에서도 나와 함께하신 하나님.

이 하나님을 전하고 싶었다.
밤이 깊도록 나는 아이들과 찬양하며
내가 만난 그분의 사랑과 성품을 나눴다.
그리고 함께 기도했다.

세상으로 나아갈 아이들이
하나님을 변함없이 사랑하고
어떤 어려움이 와도 그분만 붙들기를,
처음 하나님을 만났을 때의 기쁨을
계속 간직하며 살아가기를
간절히 소망했다.

나는 그렇게 여러 사역 현장을 다니며
복음의 열매가 맺히는 걸 보았다.
그러자 마음 한편에 있던
유튜브 사역에 대한 불안감도 사라졌다.

또한 다른 기독 문화사역자들과
교제할 기회도 많이 주어졌다.
그들은 유튜버, CCM 가수, 일러스트레이터 등
다방면에서 하나님을 드러내며 복음을 전했다.
그들과의 만남이 큰 힘과 위로가 되었다.

나는 '외로운 싸움'이라고 생각했다.
세상과 교회 사이에서 소속감 없이
외톨이처럼 느껴지기도 했다.
그런데 동역자들을 만나니
마치 하나님께서 엘리야에게
아직 무릎 꿇지 않은 7천 명이 있음을 말씀하셨듯이
내게도 예비하신 동역자가 많으니
힘을 내라고 하시는 것 같았다.

만나보니 그들도 나처럼 어려움을 안고 있었다.

왜 세상 문화와 타협하냐,

악은 모양이라도 버려야지 왜 따르냐,

예수님 이름으로 돈 벌지 마라 등

질타와 비난 세례를 받아내고 있었다.

나는 공감을 넘어 동질감을 느꼈다.

그뿐 아니라 오랜 경력이나 유명세가 없는

문화사역자들은 경제적 어려움도 컸다.

모두 자비량으로 근근이 생활하며

힘겹게 사역을 이어갔다.

물론 성도에게 환난, 가난, 고난이

믿음을 앗아갈 문젯거리는 아니다.

그러나 복음을 전하는 일이 힘들 정도로

현실적인 여건이 어려운 사역자들을 보며

(내 처지도 마찬가지이지만)

마음이 아팠다.

세상 사람들의 눈으로 바라볼 때
지금 교회는 어떤 모습일까?

내가 어릴 때만 해도 교회는 재밌는 곳이었다.
동네 아이들이 한번 교회에 발을 들이면
즐거워서 또 오고 싶어 했다.

더 과거로 올라가면
교회는 세상 문화를 선도하는 곳이었다.
믿지 않는 사람들도 '교회'라고 하면
재밌고 멋지고 매력적인 곳으로 여겼다.
교회에 대한 긍정적인 기대가 분명 존재했다.

그러나 지금은 아니다.

재미없고 고리타분하며 시대에 뒤떨어진 집단,

좀처럼 매력 없는 곳으로 전락했다.

어떻게 된 일일까?

왜 세상에서 교회의 권위가 실추된 걸까?

물론 세상이 악해진 것도 있다.

더 큰 욕망과 쾌락이 세상을 꽉 잡고 있다.

물질의 풍요와 번영 때문에

사람들은 굳이 교회를 찾지 않는다.

그러나 그것만이 문제는 아니다.

세상과 교회를 이분하여 바라보고

교회를 세상에서 분리하여 성역화하려는

믿는 자들의 잘못된 시도도

큰 원인이라고 생각한다.

세상이 추구하는 건 전부 악하며
그 모양조차 절대적으로 버려야 한다는
극단적인 시선이 교회를 세상과
점점 동떨어지게 만들고 있다.

또 교회가 왜곡된 우월감으로 세상을 내려다보니
비신자들이 교회에 올 리가 없다.
땅끝까지 복음화하라는 지상대명령을 받은 교회가
높은 울타리를 쌓고 스스로 고립되는 모습은
그야말로 모순이다.

물론 세상의 악한 문화와 관습을
무분별하게 받아들이는 건 매우 위험하다.
당연히 악의 영향력을 인지하고
흘러들지 못하도록 막아야 한다.

그러나 이 시점에서 사고의 환기가 필요하다.
이 세상의 어떤 영역도 창조주 하나님의 주권이
미치지 않는 곳이 없음을 기억해야 한다.

세상의 문화라고 해서 모두 배척하고
악의 무리로 규정할 게 아니라,
이 땅의 문화를 복음 전파의 도구로 역이용하며
기독 문화로 바꿔나가야 한다고 생각한다.

하나님의 진리는 가장 멋지고 위대하다.
세상이 그걸 알게끔 해야 한다.
하루빨리 교회가 다시 매력적인 곳으로
세상에 당당히 서길 바란다.

d.of.j.c

❤️ 💬 ✈️   🔖

d.of.j.c 친구들과 영덕 여행 중에 갑작스레 연락을 받고
가게 된 영덕여중 기독교 동아리 모임!

마무리 기도를 맡겨주셨지만,
조금이라도 말씀을 나누고 싶어서
준비해 간 말씀을 함께 나눴다!

빈손으로 가기 미안해서 작은 간식을 준비했는데
기쁘게 받아줘서 뿌듯 😊

각자 삶 속에서 하나님을 드러내며 살아가는
다음세대가 되기를 소망한다 🙏

#영덕여중 #스쿨처치 #전도사그램

2019년 중반부터
기독 유튜버들의 활동이 왕성해졌지만
지금은 이전만큼 두각을 나타내지 못하고 있다.

이유가 뭘까?
크리스천의 정체성을 지키고
많은 사람에게 선한 영향력을 끼치면서
매력적인 유튜버로 꾸준히 성장하는 게
너무 어렵기 때문이다.

교회에 대한 거부감이 큰 시대에
세상이라는 필드에서 예수님을 드러내려면
공격과 방해는 물론이고 더 많은 지혜와 책임이 따른다.

유튜브 채널을 운영하며
한 가지 기도제목이 생겼다.
하나님을 믿는 자들이 서로 사랑하는 거다.

급변하는 세상 문화 한가운데서
예수님을 소개하고 복음을 전하는 건
내게도 만만치 않았다.

일단 유튜브 활동과 학업, 교회 사역,
생계 활동을 병행하는 게 힘에 부쳤다.
또 따가운 시선을 받고
입에 담기 힘든 험한 말도 들어야 했다.

그러나 가장 힘든 건,
믿는 사람들의 편견과 오해였다.
왜곡된 시선과 맹렬한 비난을 들으면
정말 마음이 무너져 내렸다.

하지만 때마다 부어주시는
하나님의 위로와 사역의 열매를 보며
포기하지 않을 수 있었다.
마음의 중심을 하나님께 두고
이 땅이 아닌 하늘의 영원한 것을 바라보며
기쁨으로 사역을 이어갔다.

바라건대, 앞으로 문화사역을 꿈꾸는 이들이
같은 성도에게 상처받는 일이 없기를 바란다.

다음세대의 복음화를 진정으로 바란다면,
문화사역으로 부름 받은 이들을
정죄하지 말고 격려하고 위로하며
기도로 힘을 보태주길 소망한다.

예수님이 말씀하셨다.

내가 너희를 사랑한 것같이 너희도 서로 사랑하라
요한복음 13장 34절

성도가 서로 사랑으로 교제할 때
그리스도의 사랑이 세상으로 흘러갈 것이다.

내가 유튜버로서 활동하는 한
비난의 시선은 계속 따라다닐 것이다.
그러나 그것이 내 걸음을 막을 순 없다.
오직 하나님만이 내 원동력이시고
그분이 맡겨주신 사역이기 때문이다.
어떤 어려움이 와도 그분이 허락하시는 날까지
충성되게 감당하고자 한다.

이 책을 여기까지 읽어준 당신에게
잠시 기도를 부탁드린다.

하나님 안에서 성도가 하나 되기를,
서로를 진정으로 사랑하기를,
다음세대가 하나님께 나아오기를,
우리의 삶을 통해 하나님의 사랑이
이 땅에 널리 퍼지기를,

한 영혼이라도 더 구원하길 원하시는
하나님의 꿈이 우리를 통해 이루어지기를.

비난의 화살이 사방에서 날아와도 두렵지 않다.
온몸으로 막아주시는 예수 보혈의 은혜가 있기에
나는 사역의 길을 담대히 걸어갈 것이다.

오늘도 나와 함께하시며
내 삶을 통해 당신의 뜻을 이뤄가시는
하나님을 기대하고 찬양한다.

주께 영광!

내가 나의 달려갈 길을 다 달리고,
주 예수께 받은 사명, 곧 하나님의 은혜의 복음을
증언하는 일을 다하기만 하면,
나는 내 목숨이 조금도 아깝지 않습니다.

사도행전 20장 24절

무엇이든 물어보세요!

하나님을 당당히 전하는 모습이 너무 멋있어요.
이 세상에서 뵐 수 없다면
천국에서 꼭 만날 수 있었음 좋겠어요!

좋게 봐주셔서 감사해요!
그런데 제 삶을 들여다보면 사실 별로 멋있진 않아요.
그래서 가끔 그런 생각을 해요.
'아, 내가 말한 대로만 살면 참 좋을 텐데'
그런데 그게 참 어렵더라고요.

말로만 주를 전하는 게 아니라
삶으로 그분을 나타낸다면 얼마나 좋을까요.
말로만 주를 사랑하는 게 아니라
삶에서 그분을 맘껏 사랑한다면 얼마나 좋을까요.

이 고백이 그저 소망으로 남지 않고
훗날 제 삶의 간증이 되었으면 좋겠네요.

우리 모두 그럴 수 있도록 간절히 하나님께 의지해봐요.
파이팅

무엇이든 물어보세요!

자존감 낮을 땐 어떻게
하는 게 좋을까요??...

저는 교회를 다니는 분들에게
이렇게 말씀드려요!

신자의 자존감은 자신에게서가 아니라
하나님의 사랑으로부터 나오는 것이다

원래 인간은 부족한 것투성이고
잘난 것 없고, 연약한 존재예요

저도 마찬가지이고요

그런데, 그럼에도
하나님이 우리를 사랑해주셨기에

우리를 천하보다 귀하다 여겨주셨기에
하나님의 자녀가 되는 권세를 주셨기에

감사함으로, 기쁨으로 살아가는 거죠 :)

당신은 소중하고 귀한 사람이에요ㅎㅎ
자신을 사랑합시다!!

무엇이든 물어보세요!

우울해요

답변을 하려고 이런저런 이야기를 쓰다가 지웠어요
어떤 말을 적어도 제 마음이 잘 안 전해지는 것 같아서요
그래서 그냥 꾸밈없이 말하려고 해요
이 글을 보는 당신이 꼭 행복했으면 좋겠어요
행복한 상황을 마주하는 것을 넘어서
어떠한 상황에도 행복할 수 있는 사람이 되었으면 좋겠어요
그런데 그게 내 힘으로는 안 되더라고요
내 능력으로도, 내 조건으로도 안 돼요
내 모든 문제를 해결하신 분
나를 사랑하셔서 이 땅에 인간의 몸으로 오시고
십자가 죽음을 이기시고 다시 살아나신 분
오직 예수님으로 인해서만 가능하더라고요
진부할 수 있지만 꼭 얘기하고 싶어요
우리 예수님 믿어봐요
하나님은 당신을 사랑하세요
그것도 아주 많이요

저는 부족하고 연약한 사람입니다. 잘난 것 하나 없고, 내세울 것도 없습니다. 그러나 하나님께서 그런 저를 사용해주셨고, 동역자 분들과 성도님들의 기도와 헌신으로 지금껏 사역해올 수 있었습니다. 그동안 함께해주신 분들께 감사를 드립니다.

하늘에 계신 우리 할머니, 어린 손주 사랑해주셔서 감사해요. 할머니 덕분에 하나님을 알아가고, 성경 말씀을 사랑하게 되었어요. 사랑하는 할머니, 많이 보고 싶어요.

값진 신앙의 유산을 물려주신 부모님! 부모님은 늘 더 많이 해주지 못해 마음에 걸린다고 하셨죠? 저는 하나님을 사랑하는 두 분의 아들로 태어나서 최고로 감사하고 행복해요. 앞으로도 하나님과 교회, 성도를 사랑하는 부모님을 본받으며 자랑스러운 아들, 훌륭한 사역자로 성장할게요.

내 곁을 든든히 지켜주는 우리 형들, 듬직하고 멋진 첫째 주헌이 형, 날 웃게 해주는 둘째 성헌이 형, 동생을 챙기고 아껴주는 셋째 하헌이 형 모두 고마워.

고등학교 시절, 제게 기독학생회를 권해주시고 바른길로 이끌어주신 김대영 선생님, 편견 없이 저를 아껴주신 배정연 선생님. 두 분 덕분에 하나님 안에서 학창 시절을 즐겁고 아름답게 보낼 수 있었습니다. 그리고 부족한 제자에게 사랑과 응원을 아끼지 않고 기도해주시는 이희성 교수님 감사합니다.

대학 생활을 기쁘고 유익하게 채워준 파이디온 가족들 정말 감사해요. 특히 제 영원한 롤 모델인 강일진 목사님, 이 년 동안 함께해주신 신동현 목사님, 다음세대를 향한 열정을 심어주신 김수연 목사님 고맙습니다. 충준이 형, 성광이 형, 은비, 하미, 은빈이, 병준이, 선후배 동기들 모두 고마워요.

저는 생각이 많아서 혼자 있다 보면 쓸데없는 고민에 빠져 허우적댈 때가 많습니다. 그런 저를 빛으로 이끌어준 친구들에게도 고마움을 전합니다.

오랜 시간 나와 함께해준 사랑하는 여자친구 정인이, 소중한 동역자 현교, 평생 전도 대상이자 사랑하는 진홍이, 마음 다해 응원해주는 주영이, 함께 고민하며 좋은 에너지를 주는 지은이, 힘든 시간 함께 이겨내 준 슬이, 또 다른 가족 최가네 하민이와 보정이, 제게 웃음 주시는 조현진, 박형준 전도사님, 기도의 동역자로 함께해주시는 조소현 부원장님, 항상 고마운 하영이와 현욱이 모두 감사합니다.

유튜브 사역을 혼자서는 절대 못 했을 것입니다. 하나님을 사랑하고, 이웃을 사랑하는 마음으로 열정 다해 섬겨준 이인호, 조효선 편집자님, 번역을 도와주는 수연이, 제 채널을 구독해주시고 사랑해주시는 모든 구독자와 팔로워분들에게도 감사를 전합니다.

사역자로 만나 큰 위로와 힘이 되어주는 동역자분들, 특별히 나도움 목사님, 위러브 박은총 대표님, 유튜버 Kei 님께 감사드리며 앞으로도 하나님 안에서 힘차게 동역해가면 좋겠습니다.

사랑하는 예안교회 성도님께도 감사 인사를 전하고 싶습니다. 곽재룡 장로님을 비롯해 기도로 응원해주시는 권사님과 집사님, 사랑스러운 우리 유초등부 아이들과 선생님들, 내 아픈 손가락인 청소년부 친구들, 더 잘 섬기지 못해 미안한 청년부. 부족한 사역자를 기도와 헌신과 사랑으로 세워주신 예안교회 가족들 모두 예수님 안에서 사랑하고 감사합니다.

이 책을 마무리할 수 있게 끝까지 이끌어주신 규장의 여진구 대표님과 김아진 실장님, 정아혜 간사님, 모든 직원분께 정말 감사드립니다. 하나님께서 규장에 더 큰 은혜와 축복을 더하셔서 하나님나라가 세워지기를 기도합니다.

마지막으로 이 부족한 죄인을 그 크신 능력으로 놀라우신 계획 가운데 인도해주시고 첫 집필의 여정을 잘 마치게 해주신 하나님께 영광과 깊은 감사를 올려드립니다.

그 사랑 전하기 위해

초판 1쇄 발행	2021년 7월 5일
지은이	최진헌
펴낸이	여진구
책임편집	김아진 정아혜
편집	이영주 기은혜 정선경 최현수 안수경 김도연 최은정
책임디자인	조아라 노지현 ｜ 마영애 조은혜
기획 · 홍보	김영하

마케팅	김상순 강성민 허병용	마케팅지원	최영배 정나영
제작	조영석 정도봉	경영지원	김혜경 김경희

303비전성경암송학교 유니게과정 박정숙 최정식
이슬비전도학교 / 303비전성경암송학교 / 303비전꿈나무장학회 여운학

펴낸곳 규장

주소 06770 서울시 서초구 매헌로 16길 20(양재2동) 규장선교센터
전화 02)578-0003 팩스 02)578-7332
이메일 kyujang0691@gmail.com   홈페이지 www.kyujang.com
페이스북 facebook.com/kyujangbook   인스타그램 instagram.com/kyujang_com
카카오스토리 story.kakao.com/kyujangbook
등록일 1978.8.14. 제1-22

책값 뒤표지에 있습니다.
ISBN 979-11-6504-117-5 03230

규 ｜ 장 ｜ 수 ｜ 칙

1. 기도로 기획하고 기도로 제작한다.
2. 오직 그리스도의 성품을 사모하는 독자가 원하고 필요로 하는 책만을 출판한다.
3. 한 활자 한 문장에 온 정성을 쏟는다.
4. 성실과 정확을 생명으로 삼고 일한다.
5. 긍정적이며 적극적인 신앙과 신행일치에의 안내자의 사명을 다한다.
6. 충고와 조언을 항상 감사로 경청한다.
7. 지상목표는 문서선교에 있다.

하나님을 사랑하는 자 곧 그의 뜻대로 부르심을 입은 자들에게는 모든 것이 合力하여 善을 이루느니라(롬 8:28)

규장은 문서를 통해 복음전파와 신앙교육에 주력하는 국제적 출판사들의
협의체인 복음주의출판협회(E.C.P.A:Evangelical Christian Publishers
Association)의 출판정신에 동참하는 회원(Associate Member)입니다.